Doreen Virtue

Erwecke die Heilkraft
der Göttin in dir

Doreen Virtue

Erwecke die Heilkraft der Göttin in dir

KOHA

Wichtiger Hinweis

Die im Buch veröffentlichten Empfehlungen wurden von Verfasserin und Verlag sorgfältig erarbeitet und geprüft. Eine Garantie kann dennoch nicht übernommen werden. Ebenso ist die Haftung der Verfasserin bzw. des Verlages und seiner Beauftragten für Personen-, Sach- und Vermögensschäden ausgeschlossen.

**Aus dem Englischen
von Nayoma de Haën**

Titel der Originalausgabe:
»*Goddesses & Angels*«.
Copyright © 2005 by Doreen Virtue Ph.D.
Original English Language Publication 2005 by
Hay House, Inc. California, USA

Deutsche Erstauflage erschien Februar 2006
Deutsche Ausgabe: © KOHA-Verlag GmbH Burgrain
1. Auflage 2015
Alle Rechte vorbehalten
Bildnachweis: Shutterstock
Covermotiv: Sandro Botticelli, »Die Geburt der Venus« (Ausschnitt),
Uffizien, Florenz, © Bridgeman Art Library
Covergestaltung: Sabine Dunst/Guter Punkt, München
Lektorat: Delia Rösel
Layout: Birgit-Inga Weber
Autorenfoto: Torge Niemann
Gesamtherstellung: Karin Schnellbach
Druck: C.H. Beck
ISBN 978-3-86728-280-2

Der göttlichen weiblichen Kraft
und Liebe gewidmet,
die in uns allen lebt.
Und ein herzlicher Dank an alle,
die dieses Buch ermöglicht haben.
Liebe und Segen
für jeden Einzelnen von euch!

Inhalt

Einführung 8

Teil 1
Abenteuer mit Zauberei aus der Quelle 13

1	Vollmond über Sedona	14
2	In der Schwitzhütte	21
3	Heilung in der Harmonischen Konkordanz	26
4	Die Kristall-Liege	32
5	Daheim in Laguna Beach	37
6	Die Mysterienschule der Mayas	39
7	12/12 – Der Tag der Heiligen Mutter	43
8	Chichén Itzá	50
9	Durch und durch geheilt	59
10	Wie wir alles haben können, was wir uns wünschen	71
11	Mutter Maria	74
12	Im Ozean	86
13	Die Meeres-Menschen	91
14	Die Priesterinnen-Party	99
15	Begegnung mit dem Dalai Lama	102
16	Die Insel Avalon	106
17	Göttinnen, Engel und Regenbogenkinder	115
18	Heilwasser	119
19	Lebendige Göttinnen	134
20	Atlantische Therapie	147
21	Lemurien und die Meeres-Menschen	157
22	Readings	182
23	Wasserquelle	191

Teil 2
Anwendung 199

Zusammenarbeit mit den Göttinnen und Engeln 200
- Zuordnung der Göttinnen und Engel
  zu den Elementen 200
- Mütterliche Schöpfungsgöttinnen 201
- Göttinnen und Engel für verschiedene Situationen 201
- Übersicht über die Göttinnen und Engel 203

Literaturhinweise 218
Über die Autorin 222

Einführung

Im Sand der Zeit

Auf der Flucht vor Verfolgern reite ich durch die ägyptische Wüste. Man hat meinen Lehrer Pythagoras beschuldigt, gefährliche und gotteslästerliche Reden zu verbreiten. Ich gehöre zu einer Gruppe von seinen Anhängern, die von Griechenland nach Ägypten gereist waren in der Hoffnung, hier eine neue Heimat zu finden. Doch die Machthaber wollten es anders.

Ich heiße Ruma. Als ich noch eine junge Frau war, ließ Pythagoras nicht locker, bis ich zu seiner Schülerin wurde. Wie aufregend war es gewesen, von zu Hause wegzulaufen und mit diesem Mann die Geheimnisse des Universums zu studieren. Doch schon bald wurde aus meiner Faszination Langeweile. Sein endloses Philosophieren schien mir sinnlos, und meine Gedanken schweiften immer wieder ab. Ich war sicherlich nicht seine beste Schülerin.

Doch jetzt bin ich mit vielen anderen seiner Schüler auf der Flucht, egal wohin – Hauptsache, dem Tode entfliehen. Der Wind bläst feinen Sand gegen meine Haut, und ich muss ständig blinzeln. Mein Schleier flattert im Wind und schlägt mir immer wieder ins Gesicht. Ich kann kaum noch etwas sehen, denn der Wind entwickelt sich immer mehr zum Sandsturm.

Ich falle und stürze in den weißen Sand. Meine Hände können mich nicht vor den fliegenden Körnchen schützen. Winzig und leicht legen sich die Sandkörner mit einem erstaunlichen Gewicht auf mich. Beim Einatmen dringt Sand in meine Lungen. Ich würge, huste, spucke aus, doch umsonst. Ich schnappe nach Luft, und immer mehr Sand dringt in meinen Mund. Ich kämpfe, doch vergeblich. Ich sehe nur noch weiß, dann grau. Dann schwarz.

Ich schwebe über meinem Körper. Kleine Sanddünen haben sich auch über den Körpern meiner Freunde und unserer Reittiere gebildet. Der Hitze der Wüste und den Waffen unserer Feinde waren wir entkommen, doch dem Wüten der Elemente konnten wir nicht standhalten. Genau dem entsprechend, was Pythagoras uns über die mathematischen Zusammenhänge des Universums gelehrt hatte, war einfach die schiere Menge der Sandkörner unser Untergang gewesen.

Langsam kehrte ich aus dieser Rückführung in ein vergangenes Leben zurück. Ich blinzelte und sah mich von weißem Sand umgeben. Doch dies war nicht die ägyptische Wüste – ich befand mich mit meinem Mann Steven auf einer Insel des Great Barrier Reef vor Australien. Wir hatten uns ein Motorboot gemietet und waren mit unserem Picknickkorb auf einer einsamen Insel ausgestiegen.

Nach dem Essen hatte Steven angeboten, eine Rückführung mit mir zu machen, um mir zu helfen, meine Angst vor dem Tauchen zu überwinden.

Seit zehn Jahren nahm ich Tauchkurse, doch immer wieder geriet ich in Panik, wenn wir unter Wasser unseren Luftschlauch aus dem Mund nehmen sollten. Dies ist eine sinnvolle Übung für den Ernstfall, doch allein die Idee, unter Wasser keine Luft zu bekommen, versetzte mich derart in Angst und Schrecken, dass ich jeden Kurs an dieser Stelle abbrach.

Dabei wollte ich so gerne tauchen können. Die Unterwasserwelt der Korallen und Fische war mir so vertraut, und ich schnorchelte bei jeder Gelegenheit. Wie viel besser wäre jedoch, ganz in diese Welt eintauchen zu können!

Hier am Barrier Reef war das Wasser kristallklar und türkis mit einer herrlichen Unterwasserlandschaft und farbenprächtigen Bewohnern. Ein deutscher Tauchlehrer hatte mir angeboten, mir einen Auffrischungskurs zu geben, damit ich eine Tauchgenehmigung für dieses Revier bekommen könnte.

Ich musste jedoch zuerst meine Angst überwinden, und da Steven ein erfahrener Metaphysiker, Schamane und Psychotherapeut ist, führte er mich in die Situation zurück, in der diese Angst zum ersten Mal entstanden war.

Rückführungen in vergangene Leben helfen uns, Phobien durch eine Katharsis, das heißt, ein Loslassen der aufgestauten leidvollen Emotionen, loszuwerden.

Aus fünfzehn Metern Tiefe wirkte die Wasseroberfläche sehr weit weg. Doch Dank meiner Rückführung empfand ich mehr Faszination als Angst. Ich war meine Ängste, nicht genug Luft zu bekommen, tatsächlich losgeworden.

Ich glitt durch das klare, türkise Licht an neonfarbenen Korallen und riesigen Muscheln entlang. Ich schwamm durch Schwärme von gelben Schmetterlingsfischen, die sich durch mich nicht im Geringsten beirren ließen. Ich war ein Meeresbewohner geworden wie sie. Eine Meer-Frau.

Durch das Wasser tanzten glitzernde Sonnenstrahlen über den weißen Sand unter mir. In meinem vergangenen Leben hatte der weiße Sand meinen Tod bedeutet. Doch dieser Sand jetzt war wie ein Bildschirm, auf dem sich das Licht spiegelte und über den ein fließender Film von Meer-Menschen, Delfinen, Unterwasserschlössern, Zauberern, Göttinnen und Engeln zog.

Als ich wieder zum Boot schwamm, waren mir zwei Dinge völlig klar: Erstens, dass ich mich nie wieder durch Angst aufhalten lassen würde, und zweitens, dass ich einst im Wasser gelebt hatte.

Ich nahm mir vor, mein Unterwasserleben näher zu erforschen und anderen von dem zu erzählen, was ich gerade gesehen und erfahren hatte. Intuitiv wusste ich, dass in diesen Erinnerungen wichtige Schlüssel für die Rückbesinnung auf unsere magischen Kräfte liegen.

Teil 1

Abenteuer mit Zauberei aus der Quelle

1
Vollmond über Sedona

Meine Freundin Lynette und ich waren hier in Sedona, um ein Wochenende lang einen Mediumship-Kurs abzuhalten, in dem die Teilnehmer lernen, mit Verstorbenen Kontakt aufzunehmen. Mein Mann Steven Farmer leitete zur gleichen Zeit zusammen mit dem schamanischen Lehrer Jade Wah'oo ein Männerretreat.

Sedona gehört zu den ganz besonderen Orten auf diesem Planeten. Die wolkenkratzerähnlichen roten Felstürme lassen diese Gegend beinahe überirdisch wirken. Man kann sich in Sedona leicht wie in einem surrealistischen Traum fühlen. Unser Besuch fiel in die Zeit des Erntemondes, wie man den Vollmond nahe der Herbst-Tagundnachtgleiche hier nennt.

Im Laufe der Jahre war ich immer empfindsamer für die Wirkung geworden, die die Mondzyklen auf meinen Körper, meine Stimmungen und die Ereignisse in meinem Leben haben. Und Vollmond verhieß Abenteuer und Überraschungen.

Am ersten Abend unserer Reise sollte ich im Sedona Creative Life Center einen Vortrag halten.

Während Lynette und ich das Gebäude suchten, in dem ich sprechen sollte, baten wir Erzengel Chamuel um Hilfe. Chamuel ist bekannt als der »Finde-Engel«, egal ob es gilt, einen verlorenen Gegenstand oder eben den Weg zu finden.

»Erzengel Chamuel, bitte finde dieses Haus!«, rief ich aus. Doch dann korrigierte ich mich schnell. »Ich meine, bitte hilf uns, dieses Haus zu finden!« Lynette und ich kicherten bei der Vorstellung, wie Chamuel am Sedona Creative Life Center uns mit der Bemerkung erwarten würde: »Ich habe den Ort gefunden und erwarte euch schon eine ganze Weile!«

Während wir noch lachten, sahen wir Erzengel Michael am Straßenrand stehen. Michael ist ein riesiger, gut aussehender Erzengel, der uns schützt und den ich oft beim Autofahren um Hilfe bitte, vor allem, wenn ich mich nicht auskenne. Seine purpurviolette Aura erleuchtete genau in dem Augenblick die Straße, als wir das Straßenschild Schnebly Road entdeckten. Wir bogen rechts ab und fanden das Zentrum sofort. Danke, Chamuel und Michael!

Der Musiker Peter Sterling spielte während der geführten Meditationen Harfe und bot Lynette und mir an, uns nach der Veranstaltung zu einer Vollmondzeremonie am Cathedral Rock mitzunehmen. Dieser monolithische rote Felsblock ist ungefähr 300 Meter hoch, fast genauso hoch wie der Eiffelturm.

Neben seinen natürlichen roten Wolkenkratzern ist Sedona für seine Energiewirbel bekannt, die »Vortex« genannt werden. Diese Energiewirbel lassen sich mit den menschlichen Chakras vergleichen. Ein Vortex sieht aus wie ein mächtiger Wasserwirbel, durch den Energie in die Erde fließt. Empfindsame Menschen können diese Energiefelder wahrnehmen, und viele berichten von Heilungen und Inspirationen durch ihren Einfluss.

»In Sedona gibt es vier bedeutende Energiewirbel«, erklärt uns Peter, der schon seit vielen Jahren hier lebt. Er hat hier gelernt, den Klängen der Canyons mit ihren Engeln und Feen zu lauschen und dabei gleichzeitig Harfe zu spielen. »Sie heißen Airport Mesa, Boynton Canyon, Bell Rock und Cathedral Rock. Die Wirbel auf Airport Mesa und Bell Rock bestehen aus elektrischer Energie. In Boynton Canyon zeigt sich eine Mischung aus elektrischen und magnetischen Frequenzen, und nur Cathedral Rock ist rein magnetisch. Da magnetische Energie dem Weiblichen zugeordnet wird, können Frauen auf Cathedral Rock wunderbare Erfahrungen machen. Die weibliche Erdenergie dort tut Frauen und dem weiblichen Körper sehr wohl.«

Im bläulichen Mondschein erklommen wir Cathedral Rock und fanden ein kleines, leicht zugängliches Plateau. Ich setzte mich auf den festen, staubigen Boden und versenkte mich in das Panorama, das mich umgab. Unter der Erdoberfläche erkannte ich kleine, glitzernde Lichtfunken, und zu meinem Erstaunen bildeten sie langsam eine weibliche Gestalt, die sich aus dem Boden erhob und vor uns aufrichtete. Es war Artemis, die griechische Mondgöttin! Lynette und ich erkannten sie gleichzeitig.

Die dreifache Göttin

»Geh in dich«, sprach Artemis. »Atme.« Lynette und ich schlossen folgsam die Augen, atmeten tief und zentrierten uns.

Sedona und Lynette verschwanden aus meiner Aufmerksamkeit, und ich stand ganz allein mit Artemis auf dem Felsen. Sie legte ihre Hand fest auf mein Herz, und im gleichen Augenblick öffneten sich die Wolken, und das Licht des Vollmondes erleuchtete ihr Gesicht.

Sie flüsterte mir eindringlich zu: »Dein Problem ist Unentschiedenheit und der Mangel an einer klaren Richtung. Geh in kleinen Schritten eindeutig auf einen Zustand des Friedens und der Harmonie zu. Bleibe in dieser Absicht fest und wanke nicht. Spüre die Leidenschaft von Mutter Erde«, fuhr die Göttin fort. »Sie versorgt dich ständig mit umhüllender, mütterlicher Liebesenergie. Sie umhüllt dich von unten, oben und überall um dich herum. Trinke das Mondlicht dieses Vortex tief in dich hinein, auf dass sich dein Körper erhole. Atme das Mondlicht ein, und du wirst geheilt werden. Genau wie die Erdenergie ist das Mondlicht erfrischend und nährend.« Artemis strich mir über den Kopf. »Komm zurück in deinen Körper, Doreen. Du neigst dazu, in intensiven Erfahrungen deinen Körper zu verlassen und über ihm zu schweben. Zum Leben gehört auch, zu lernen, wie du alle Arten und Intensitäten von Gefühlen erfahren kannst.«

Ich atmete in Richtung des riesig erscheinenden Mondes aus. Über die Mondscheibe tanzte eine Vision, und ich sah, wie ich den Indigo- und Kristallkindern helfe: den neuen, medial begabten, sensitiven jungen Menschen, die so oft als autistisch oder mit ADHS (Hyperaktive Kinder mit Aufmerksamkeitsdefizit) fehldiagnostiziert werden. Ich hatte an jenem Abend auch über die große Anzahl von Kindern gesprochen, denen Ritalin verschrieben wird. Diese Kinder brauchen keine Medikamente, sie brauchen unsere Unterstützung, damit sie mit unserer Hilfe ihre Wut in positives Handeln verwandeln können.

Ich erkannte, dass wir mit der Göttinnen-Energie alle drei Aspekte der Göttin annehmen müssen, die von Natur aus in jeder Frau und jedem Mann, in jedem Mädchen und in jedem Jungen vorhanden sind: das Mädchen beziehungsweise die junge Frau (unser inneres Kind, das sich nach Spiel und Selbstausdruck sehnt); die Mutter (der Teil von uns, der gerne heilt und andere umsorgt); und die Matriarchin (als Ausdruck der Würdigung unserer inneren Autorität und Weisheit sowie unseres Verlangens zu lehren). Mir wurde beigebracht, die Matriarchin zu leben und etwas über die Kinder zu lehren.

Der Mondschein brach sich in der Feuchtigkeit der Wolken und bildete dabei einen kreisförmigen Regenbogen: Eine klare Botschaft, dass ich auch den Regenbogenkindern helfen sollte.

Bis jetzt war ich noch keinen Regenbogenkindern begegnet, doch die Engel hatten mir bereits erzählt, dass sie die reinsten Seelen sind, die es auf diesem Planeten gibt. Sie sind die Generation nach den Kristallkindern.

Ich dachte an all die Dinge, die ich dem Mond überlassen wollte. Da gab es zum Beispiel meine Angst, über politische Dinge zu sprechen. Einerseits empfing ich deutliche Botschaften über politische Angelegenheiten, andererseits gab es immer Klagen, wenn ich diese Dinge ansprach, und die Leute meinten, ich sollte mich doch lieber weiterhin auf Engel, Göttinnen und ähnliche Themen beschränken. Aber wie sollte ich mit mir leben, wenn ich nicht den Mund aufmachte?

Ich dachte an die Indigokinder, die ihre Gefühle nicht abspalten können und wollen. Sie sprechen aus, was sich sonst keiner zu sagen traut.

Im Stillen sagte ich zu mir: »Ich lasse jetzt die Angst los. Ich lasse jetzt die Unentschiedenheit los. Ich lasse jetzt allen Schmerz und alles Leiden los, das ich möglicherweise in mich aufgenommen habe. Ich lasse jetzt alles los, wodurch ich Energie verliere. Ich lasse jetzt alles los, was einen vollkommenen Energiekreislauf in mir behindert.«

Artemis hüllte mich in eine glitzernde Decke aus Mond- und Sternenenergie, und ich versank in einen tiefen Schlaf, so tief, als würde ich in die rote Erde Sedonas sinken. Die Stimmen von Lynette und Peter brachten mich wieder zurück, und wir gingen zum Wagen hinunter. Ich fühlte mich wundervoll. Mein Körper summte in dem angenehmen Gefühl, zutiefst geliebt zu werden. Das Nährende, von dem Artemis gesprochen hatte, fühlte sich herrlich an, und ich ruhte in dem sicheren Wissen, dass mit dieser Erde alles gut gehen würde.

Ich begriff, dass wir die Erde mehr achten, wenn wir die weibliche Energie von Mutter Erde spüren. Wenn wir uns von der Erde nähren lassen und mit unserem Dank auch sie nähren, entsteht ein Kreislauf. Dazu müssen wir uns allerdings aus unseren Häusern und Büros bewegen und die Natur wieder schätzen lernen. Die Kristallkinder können uns dabei helfen. Da sie am liebsten ständig draußen wären, motivieren sie auch ihre Eltern, sich mehr im Freien aufzuhalten.

Keine logischen Argumente, bitte!

Am nächsten Abend gingen Steven, Lynette und ich zum Abendessen in das Restaurant unseres Hotels. Ich wollte noch einmal ins Zimmer, und als ich aufstand, sagte mir mein Gefühl, dass ich neben meinem eigenen auch Stevens Zimmerschlüssel mitnehmen sollte. Doch ich hielt das für unlogisch und ignorierte den Impuls. Natürlich funktionierte mein Schlüssel nicht, und ich musste ein zweites Mal gehen, um Stevens Schlüssel zu holen.

Warum tun wir uns das an? Wir weisen damit Geschenke ab, die uns freigebig überreicht werden.

Lynette, Steven und ich schlossen an diesem Abend einen Pakt, dass wir unsere Intuition nicht mehr mit logischen Argumenten aushebeln würden. Egal, wie unlogisch das Gefühl auch sei, wir würden es beachten.

Bereits am nächsten Morgen kam uns dieser Pakt zugute. Eine innere Stimme trug Lynette auf, schon um halb neun in den Seminarraum zu gehen, obwohl das Seminar erst um zehn beginnen sollte. Als sie sich dem Raum näherte, verstand sie den Grund: Außen vor dem Gebäude dröhnten Presslufthämmer. Wie hätten wir da unser stilles, friedliches Seminar abhalten können? Doch da Lynette das Problem so rechtzeitig bemerkte, konnte sie das Hämmern abstellen lassen, bevor unser Seminar begann.

Am letzten Tag dieses Mediumship-Kurses führten Lynette und ich mithilfe von Kristallen, Stimmgabeln und Aromaölen eine Zeremonie mit den Teilnehmern durch. Als Erstes hielt ich jedem eine große Bergkristallspitze an die Stirn. Mit meiner Absicht und Visualisation schickte ich einen Strahl weißes Licht durch den Kristall. Ich legte auch meinen linken Zeigefinger auf den Hinterkopf der jeweiligen Person, um noch mehr weißes Licht auszusenden. Dadurch wird der optische Nerv gereinigt, so ähnlich, wie man einen verstopften Abfluss reinigt.

Während ich den Teilnehmern Licht sandte, überprüfte ich medial, ob die spirituelle Sicht ihres Dritten Auges irgendwie verschmutzt sei. Dann erweiterte ich den optischen Nerv des Dritten Auges, um der Hellsichtigkeit größere Klarheit zu verleihen.

Bei jedem Menschen sieht das Dritte Auge anders aus. Menschen, die sich davor fürchten, Engel oder Geistwesen zu sehen, haben oft ein verschmutztes Drittes Auge, das an eine von Insekten verschmutzte Windschutzscheibe erinnert. Mit weißem Licht lässt sich das leicht bereinigen – vorausgesetzt, die Person ist wirklich offen dafür, die geistige Welt zu schauen. Ich kann allen nur versichern, dass die Engel und Geistführer zu dem Schönsten gehören, was man erblicken kann.

Engel und Geistwesen zu sehen, beruht einfach auf einer Entscheidung, so wie man sich auch entscheidet, eine Skipiste hinunterzufahren oder an einen außergewöhnlichen Ort zu reisen. Es gehört zu den aufregendsten Erfahrungen und kann das Leben neu bereichern.

2
In der Schwitzhütte

Jade Wah'oo, ein Indianer, mit dem mein Mann Steven befreundet war, wollte auf seinem Grundstück in Sedona eine Schwitzhütte abhalten und lud uns dazu ein. Die Schwitzhütten-Zeremonie beruht auf der Tradition der nordamerikanischen Ureinwohner und wird in einer kleinen Behausung oder einem Zelt durchgeführt. Alle sitzen in der von glühenden Steinen erhitzten Dunkelheit und schwitzen physische und spirituelle Unreinheiten aus. Viele Menschen haben dabei Visionen und Erkenntnisse, deshalb sah ich dem Ereignis aufgeregt und ein bisschen nervös entgegen. Ich hatte noch nie an einer Schwitzhütten-Zeremonie teilgenommen.

»Welchem Thema wollt ihr diese Zeremonie widmen?«, fragte Jade Steven und mich.

»Dankbarkeit«, antwortete Steven.

»Der Kraft der Göttin«, antwortete ich.

Ich fragte mich, ob ich in der engen, dunklen Behausung wohl Platzangst bekommen würde. Ich hatte von Leuten gehört, die verängstigt aus Schwitzhütten geflohen waren. Ob es mir genauso ergehen würde?

In diesem Augenblick trippelten zwei kleine Wachteln vorbei. Ihr friedliches Gurren beruhigte mich.

Jades Sohn übernahm die Rolle des »Raben«. Das ist der traditionelle Titel des Feuerhüters, der während der Zeremonie draußen bleibt. Ganz in Schwarz gekleidet, sah er wirklich wie ein Rabe aus. Er würde uns heiße Steine, Wasser und verschiedene andere Dinge hineinreichen, zum Beispiel Federn zum Rauchfächeln, Süßgras zum Reinigen der Luft und der Energie und eine Rassel, um die Geister zu rufen.

Die Schwitzhütte war ein Zelt über 28 Querstreben aus Weidenstäben, die an die Rippen des Bären erinnern sollen. Eine horizontale Strebe repräsentiert die Wirbelsäule. Vor dem Zelt ruhte auf einem Altar ein Bärenschädel. Beim Hineingehen hatte ich tatsächlich das Gefühl, in den Bauch einer Bärin zu schlüpfen.

Unsere Zeremonie sollte vier Runden umfassen, das bedeutet, dass der Rabe uns vier Mal sieben heiße Steine bringen würde. Ich fragte mich, ob ich diese Mischung aus spiritueller Reise und Ausdauertest wohl durchstehen würde.

In dem Zelt suchten wir uns unsere Plätze um die Kuhle mit den heißen Steinen herum aus. Ich setzte mich so weit wie möglich von ihnen entfernt im Schneidersitz auf ein Handtuch, das meinen Schweiß auffangen sollte. Jade wies auf den großen Stein in der Mitte. »Dies ist das Herz des Bären!«, erklärte er bestimmt. Dann bat er darum, die Zelttür zu schließen. Vollkommene Dunkelheit hüllte uns ein.

Jade entzündete Sandelholz, und die Gruppe begann zu singen. »Zo-tschi-ketz-al ...« Das war wohl der für mich unaussprechliche Name eines Wesens, das ich nicht kannte. Jade sang weiter, während er Wasser über die Steine schöpfte. Der Dampf zischte und erfüllte das Zelt. Nacheinander sprach jeder von uns ein Gebet, und zu jedem Gebet goss Jade mehr Wasser über die Steine. Bald war es in dem Zelt so heiß und feucht, dass mir der Schweiß über Gesicht und Körper floss und mein kleines Handtuch schnell durchnässt war. Mein Herz pochte und raste, mein Körper reagierte, als ob ich in Schwierigkeiten wäre. Wie sollte mein Körper auch wissen, dass ich mich absichtlich in diese Situation gebracht hatte und keine Gefahr bestand? Mein Herz raste, und ich fürchtete, eine Panikattacke zu bekommen und die Zeremonie verlassen zu müssen. Ich betete um Hilfe, damit ich dies durchstehen und mich vielleicht sogar daran erfreuen konnte.

Ich blinzelte in die Dunkelheit und sah eine sanft leuchtende Gestalt vor mir stehen. Das Zelt war eigentlich zu niedrig, als dass hier jemand stehen konnte, doch sie stand und schaute mich an. Sie war eindeutig indianisch, mit ihrem langen, seidigen schwarzen Haar, ihrem jugendlich strahlenden Gesicht und ihrem weißen Lederkleid mit Fransen und roten Perlen. Sie war liebevoll, schön und mitfühlend.

Ohne Worte vermittelte sie mir, dass alles in Ordnung sei. Ihre Botschaft beruhigte mich etwas, aber vor allem halfen mir ihre engelsgleiche Energie und ihre alles umhüllende Liebe. Ich begriff, dass sie das Wesen war, das Jade und die anderen am Anfang der Zeremonie angerufen hatten. Er hatte sie, deren Name so ähnlich klang wie »Zo-tschi-ketz-al«, gebeten, uns zu schützen und über uns zu wachen. Und das tat sie gerade mit mir.

Die erste Runde ging zu Ende, und Jade hob kurz die Zelttür. Der Rabe reichte uns eine Kelle mit Wasser. Jeder nahm einen Schluck davon und gab sie im Uhrzeigersinn weiter an den nächsten. Als die Kelle mich erreichte, trank ich dankbar daraus. Es war das leckerste Wasser, das ich je getrunken hatte.

Nach dieser kurzen Pause erklärte Jade den Anfang der zweiten Runde, während er Süßgras entzündete. »Dadurch entsteht ein angenehmer Aufenthaltsort für den Geist«, meinte er, und der Rabe brachte weitere sieben rotglühende Steine in die Hütte. Die Tür schloss sich, Licht und frische Luft waren wieder ausgeschlossen. Ich hörte, wie der Dampf zischte, als Jade Wasser auf die Steine goss.

Ich spürte, wie meine Ängste wieder aufstiegen, doch dann dachte ich an die schöne Frau. Ich konnte sie jetzt zwar nicht sehen, aber ich spürte ihre beruhigende Gegenwart neben mir. Sie fühlte sich an wie eine weise Freundin, die wusste, dass es hier keinen Grund zur Besorgnis gab. Ich hatte schon so viele meiner Ängste überwunden – diese Schwitzhütte würde mein persönlicher Sieg über die Furcht werden.

Meine Probleme mit dem Tauchen hatten aufgehört, seit ich mir meiner ägyptischen Vergangenheit bewusst geworden war. Diese eine Rückführung hatte mich auch von der Panik befreit, die mich schon in so vielen Situationen überfallen hatte.

»Da ich diese Angst heilen konnte, müsste ich ja auch die Ängste in dieser Schwitzhütte aushalten können«, dachte ich mir. »Ich muss lernen, mit diesem Gefühl der Unsicherheit umzugehen.«

Jades Stimme riss mich aus meinen Gedanken, und ich merkte, dass die zweite Runde auch schon vorbei war.

Nachdem wir wieder Wasser aus der Kelle getrunken hatten, erklärte Jade, dass die dritte Runde die intensivste werden würde, sowohl was die Hitze als auch was die Dauer betraf. »Bring mir die heißesten Steine, die du hast!«, rief er dem Raben zu, der daraufhin riesige glühende Brocken ins Zelt schleppte. Jade legte Copalharz auf die Steine. Copal wird auch »Tränen vom Baum des Lebens« genannt, denn die Mittelamerikaner halten dieses Harz für die Tränen der Erde. Es dient zur Reinigung und zum Schutz während heiliger Zeremonien.

Jade erzählte uns, dass die Intensität der dritten Runde uns allen helfen würde, unsere Abwehr aufzugeben und Kontakt zu unserer Seele aufzunehmen. Die Hitze würde alte Schmerzen und Wunden auflösen, sodass die Heilung beginnen könnte.

Ich war auf die Wand von heißer Luft nicht gefasst, die gegen meinen Kopf prallte. Ich hatte während der ersten beiden Runden alles ausgeschwitzt, was ich konnte, also legte ich meinen dehydrierten Körper hin und sog rhythmisch Luft ein.

Ich dachte, dass Steven mich freundlich berührte, aber dann erkannte ich, dass die schöne Indianerin wieder bei mir war. Sie redete mir sanft zu, und ihr Atem kühlte mich, dann umarmte sie mich, und ich umarmte sie. Als die Runde vorbei war, war ich begeistert darüber, dass ich es durchgestanden hatte.

Am Anfang der vierten Runde fühlte ich mich wie am Ende eines Marathons. Es war fast vorbei, und ich würde bis zum Ende durchhalten.

Jade legte Bärwurz auf die neuen glühenden Steine. Diese Pflanze wächst hier in den Rocky Mountains und wird bei allen möglichen Gelegenheiten als Symbol für den Körper von Mutter Erde verwendet. »Das Thema der vierten Runde ist Wertschätzung und Integration«, erklärte er, als sich die Tür schloss.

Nach der Zeremonie beschrieb ich Jade die Frau, die ich gesehen hatte. »Natürlich! Das ist Xochiquetzal!«, rief er aus. »Erinnerst du dich nicht? Wir haben sie doch in der ersten Runde herbeigerufen!« Ich bat ihn, den Namen für mich zu buchstabieren, denn er war mir völlig unbekannt. »Zo-tschi-ketz-al«, sagte er mir langsam mehrmals vor, bis ich mir den Namen gemerkt hatte.

»Sie wirkt wie ein Engel«, meinte ich. »Wer ist sie?«

Jade erklärte, dass Xochiquetzal eine aztekische und toltekische Göttin ist, die auch »Blumenfeder« genannt wird. Ihre Elemente sind Erde und Feuer, und als Fruchtbarkeitsgöttin bringt sie Liebe und Leidenschaft. Sie gilt auch als schützende Muttergottheit, und nach meiner Erfahrung in der Schwitzhütte konnte ich das nur bestätigen.

3
Heilung in der Harmonischen Konkordanz

Daheim in Laguna Beach gaben Lynette und ich einen weiteren Mediumship-Kurs. Ich lehrte die Teilnehmer das Gleiche, was die geistige Welt mich gelehrt hatte, als ich anfing, mediale Sitzungen zu geben.

Die geistige Welt war ein strenger, aber geduldiger Lehrer für mich gewesen. Immer wieder war ich für mein inneres Davonlaufen gerügt worden. Damit meine ich, dass ich mit einem Verstorbenen Kontakt aufnahm, um eine Botschaft bat und mich dann von irgendetwas ablenken ließ, bevor er antworten konnte.

»Es gibt bei diesem Reading drei Teile«, erklärte ich den Teilnehmern. »Als Erstes müsst ihr herausfinden, in welchem Verhältnis der Verstorbene zu eurem Klienten steht. Stammt die Botschaft von seinen Großeltern, seinen Eltern, einem Geschwister, einem Freund, einem Partner oder einem Kind des Klienten?«

Dann erklärte ich den zweiten Teil des Readings, in dem man dem Klienten mindestens ein spezifisches Detail über den Verstorbenen mitteilt.

»Es gibt ein altes irisches Sprichwort: Du kannst einen Kobold nicht nach seinem Namen fragen. Wenn man nämlich seinen Namen kennt, weiß man alles über ihn. Der Vorname jedes Menschen enthält immer einen persönlichen Fingerabdruck, selbst wenn es ein weit verbreiteter Name ist. Wie

Schneeflocken sind sich die Energien keiner zwei Vornamen gleich. Spricht jemand deinen Vornamen aus, spürt er deine Essenz. Die Leute werden sich zu eurem Vornamen hingezogen fühlen, wenn ihr eure Energie klar und hochschwingend haltet. Deswegen sind Meditation und Integrität eure wichtigsten Werkzeuge, denn damit könnt ihr eure Energie immer wieder reinigen. Über den Namen könnt ihr über jeden Menschen und jedes Tier, lebendig oder verstorben, Informationen erhalten. Ihr braucht den Namen nur mehrmals zu wiederholen. Wenn jemand seinen Vornamen geändert hat, versucht es zuerst mit dem neuen Namen und schaut, ob er euch Informationen und Eindrücke vermittelt. Falls das nicht klappt, so verwendet den Geburtsnamen.«

Dann lehrte ich den dritten Teil, die Botschaft der Liebe. »Selbst wenn ihr als Medium das Gefühl haben mögt, immer die gleichen langweiligen oder peinlich kitschigen Botschaften übermitteln zu müssen, vergesst nicht, dass dies der heilendste Teil der Sitzung ist. Die Verstorbenen möchten sich vielleicht entschuldigen, sie überreichen manchmal ätherische Rosen und übermitteln liebevolle Botschaften. Eure Klienten brauchen die Botschaften, um von ihren Schuldgefühlen, ihrem Ärger, ihren Sorgen und Ängsten heilen zu können.«

Botschaften von Michael

Es war das Wochenende vom 8. November 2003, die Harmonische Konkordanz. Dieser Begriff bezeichnet die ungewöhnliche astrologische Konstellation, bei der sich sechs Planeten in der Gestalt eines sechsstrahligen Sterns am Himmel befinden. Die Astrologen nennen diese Konstellationen ein »großes Trigon«, denn das Sechseck wird aus zwei sich überschneidenden Dreiecken gebildet, die den Elementen Wasser und Erde zugeordnet werden. Unter Astrologen galt dies als ein besonders geeigneter

Tag, um sich gesundheitliche und friedensfördernde Ziele zu setzen und zu manifestieren.

Am letzten Tag unseres Kurses versammelten wir uns in einem Kreis und baten den Erzengel Michael, jedem von uns eine Botschaft zu übermitteln. Normalerweise versenke ich mich in ein unterstützendes Gebet, während meine Teilnehmer channeln, doch an diesem Tag hatte ich den Impuls mitzumachen.

Von allen Wesen der geistigen Welt ist der Erzengel Michael am leichtesten zu channeln, denn er ist laut, direkt und deutlich. Michael begann sofort zu mir zu sprechen, und ich schrieb mit, wie eine Sekretärin beim Diktat.

»Zögere nicht, deine höchste Wahrheit der Liebe und des Lichts zu verkünden«, sprach er mit seiner kraftvollen, freundlichen Stimme. »Verschiebe es nicht, bis dein Buch veröffentlicht ist. Verkünde deine Wahrheit den Ohren, die hören wollen, und verstecke dich nicht. Weise die Neinsager liebevoll ab und lass sie wissen, dass sie geachtet und gewürdigt werden. Verkünde mit Liebe und ohne zu zögern die mächtigen Wahrheiten über das zukünftige Zeitalter der Vernunft und der Liebe, die wir dir offenbart haben, über die Entfaltung der Vernunft im Namen der Liebe. Übersieh nicht die irdischen Neuigkeiten der Freude und des Friedens, die in eurer Welt auftauchen. Lass es fließen und dich umströmen, jetzt und immerdar, mein irdisches Kind. Du bist eine Lehrerin und eine Verkörperung des Lichts und der Liebe.«

Michael forderte mich auf, mich energetisch und physisch in Form zu bringen. Ich sollte rundum Ordnung schaffen. Sicher hatte ich mehr als mancher andere meine Überzeugungen auch gelebt, aber es gab immer noch einiges zu verbessern.

»Lass alle Schuldgefühle los«, fuhr er fort. »Alles, wodurch du dich schuldig fühlst, senkt dein Selbstwertgefühl und deine Energie. Höre entweder mit dem Verhalten auf, dessentwegen du dich schuldig fühlst, oder finde einen Weg, dich weiter so zu verhalten, ohne dich schuldig zu fühlen.«

Er erklärte mir, dass ich mich entgiften müsse, körperlich und psychisch. Ich sollte mir Green Powder besorgen, eine Mischung aus getrocknetem Weizengras, Spirulina und Gemüsesaft, das in Fruchtsaft aufgelöst wird. Er riet mir auch, mich mithilfe von Flohsamen, Mariendistel und pflanzlichen Abführmitteln zu entgiften. Nach dem Kurs kaufte ich all das auf seinen Rat hin.

Gefährliche Sulfate

Ich glaube, ich hatte schon mein ganzes Leben lang mit meinem Gewicht zu kämpfen. Schon als Kind wurde ich wegen meiner Plumpheit gehänselt, und mein Exmann hatte wegen meines Gewichts an mir herumgemäkelt.

Doch zurzeit fühlte ich mich eher aufgeschwemmt als dick. Meine Brüste waren schmerzhaft geschwollen, und mein Rücken tat weh, weil er immer meinen aufgeblähten Leib schleppen musste. Dazu kam, dass meine Knöchel und Arme so sehr juckten, dass ich sie manchmal blutig kratzte. Eines Nachts wurden meine Gebete um Hilfe erhört, als eine Stimme zu mir sprach: »Es liegt an den Sulfaten, dass du so aufgeschwemmt bist.«

Am nächsten Morgen versuchte ich, so viel wie möglich über Sulfate herauszufinden. Ich entdeckte, dass viele Menschen unter einer allergieartigen Empfindlichkeit gegenüber diesen Nahrungsstoffen litten. Die beiden Hauptsymptome dafür waren Ödeme, also Wasseransammlungen im Körper, und Jucken – genau das, was ich durchmachte. Meine Engel hatten den Grund meines Unwohlseins genau diagnostiziert!

Als Nächstes musste ich herausfinden, in welchen Nahrungsmitteln Sulfate enthalten waren, damit ich sie vermeiden konnte. Diese schwefelhaltigen Substanzen, erfuhr ich, kommen in manchen Lebensmitteln natürlicherweise vor, anderen werden sie als billiges Konservierungsmittel zugesetzt. Natürliche Sulfate kommen zum Beispiel in Alkohol vor, sogar in biologisch-organischem Wein und Bier. Während der Destillation wird dann noch mehr zugesetzt. In Essig und allen in Essig eingelegten Produkten kommen Sulfate vor, genauso wie in vielen getrockneten Früchten und Dosenwaren. Auch Tofu wird manchmal mit Sulfaten haltbar gemacht, und häufig werden die Salattheken mit Sulfatwasser übersprüht, damit der Salat nicht braun wird.

Meine bisherige Ernährung, die meistens aus einem Salat mit Vinaigrette und Tofu und einem Glas Wein bestand, ließ meinen Körper also anschwellen und jucken.

Dank euch, ihr Engel, dass ihr mir die Ursache meines Leidens enthüllt habt!

Veränderung der Inneren Göttin

Ich folgte Michaels Rat und entgiftete meinen Körper, trank regelmäßig Fruchtsaft mit Green Powder und vermied Sulfate. Ich nahm in kurzer Zeit 40 Pfund ab. Ich fühlte mich leichter und energievoller, doch vor allem bemerkte ich eine Veränderung in meinem Göttinnen-Archetyp. Wie bereits erwähnt, gibt es in jedem Mann und jeder Frau drei Aspekte der Göttin: die verspielte, attraktive, unschuldige junge Frau, die nährende, fürsorgliche Mutter und die weise, lehrende Matriarchin.

Während ich entgiftete, erkannte ich, dass ich in vielen meiner Beziehungen die Mutterrolle gespielt hatte. Ich war immer diejenige gewesen, die ihre Zeit, ihr Geld und anderes zur Verfügung stellte. Manchmal grollte ich wegen der Unverhältnismäßigkeit zwischen dem, was ich gab, und dem, was zu mir zurückkam.

In meinem leichteren Körper sah ich nicht nur weniger matronenhaft aus, ich spürte auch die junge Frau und die Matriarchin deutlicher in mir. Ich wollte keine unausgeglichenen

Beziehungen mehr führen, in denen nur ich diejenige war, die gab, und mied erst mal die Menschen, mit denen solche einseitigen Muster von Geben und Nehmen fest eingefahren waren.

Sie zu meiden, war natürlich eine recht passive Art, mit dem Problem umzugehen, doch es gab mir Raum, mich mehr in die kraftvollere Energie der Matriarchin und in die fröhliche Empfänglichkeit der jungen Frau hineinzuspüren. Ich vertraute darauf, dass die Göttinnen und Engel mir bei meiner Heilung helfen würden und dass ich mit diesem Problem weiter umzugehen lernen würde, wenn der rechte Zeitpunkt dafür gekommen war.

4
Die Kristall-Liege

Auf dem Nummernschild der roten Corvette vor uns stand die Zahl 444. Das ermutigte mich, während Steven und ich den Pacific Coast Highway entlangfuhren. Wie ich in meinem Buch »Die Zahlen der Engel« erklärt habe, bedeutet 444, dass die Engel uns zur Seite stehen. Wir waren bei einem Heiler namens Kelly Willis angemeldet, der seine Sitzungen auf einer Kristall-Liege durchführt. Freunde von uns hatten bereits mit ihm gearbeitet und ihn sehr empfohlen.

Für mein Buch »Medizin der Engel« hatte ich vor Kurzem etwas über meine Erfahrungen mit heilenden Kristall-Liegen aus meinem vergangenen Leben in Atlantis geschrieben und war daher ziemlich neugierig darauf, in diesem Leben so etwas mitzumachen.

Ich war von meinen Seminar-Reisen erschöpft und brauchte Heilung, um mich wieder etwas zu erholen, bevor ich die Reisen des übrigen Jahres antreten konnte. Diese Sitzung war eine große Hilfe für mich, denn jeder muss von Zeit zu Zeit empfangen – besonders wir Heiler und Gebenden.

Seit der Botschaft von Erzengel Michael hatte ich meine Ernährung völlig umgestellt. Durch die Reinigung hatte ich viel Gewicht verloren, denn es bestand vor allem aus dem eingelagerten Wasser.

Der Heilraum

Als ich die Lobby betrat, begegnete ich Chris Marmes, einer Freundin und ortsansässigen Heilerin mit sanfter Stimme und der angenehmen Energie, die aus Jahren hingebungsvoller Meditation entsteht. Sie interessierte sich sehr für Kellys Kristall-Liege und war gekommen, um mehr über seine Methode zu erfahren.

»Würdest du gerne bei meiner Heilsitzung dabei sein?«, fragte ich sie.

Chris ist keine Frau vieler Worte, doch ihr Gesichtsausdruck sprach Bände. »Danke, wenn es für dich in Ordnung ist, dass ich dabei bin!«

Ich vertraute Chris, also winkte ich ihr, mitzukommen. Steven hatte bereits eine Sitzung erhalten, er lag auf einem Massagetisch, und über ihm hing ein Metallrahmen. Sieben riesige Kristallspitzen hingen darin, und jeder deutete auf eines der Chakras. Den Farben der Chakras entsprechende Lichter flackerten hinter jedem Kristall. Im Hintergrund surrte eine Maschine, die die Geschwindigkeit des Flackerns kontrollierte.

Das Flackern verlangsamte sich, und Steven öffnete die Augen. Wir sahen einander an und lächelten. In seinen blauen Augen sah ich tiefe Entspannung und Zufriedenheit. Ich brauchte ihn nicht zu fragen, wie es ihm ging oder ob ihm die Sitzung gefallen hatte. Seine strahlenden Augen und seine erfrischte Energie sagten alles.

Langsam stand er auf und half mir auf den Tisch. Sechs Bergkristalle starrten mich an und glitzerten wie perfekte Energieüberträger. Auf mein Wurzelchakra wies ein beigefarbener Rauchquarz von der Sorte, die man auch »psychischen Staubsauger« nennt, weil sie so gut emotionale Vergiftungen entfernen können.

Die Energie der großen Kristalle bewirkte einen seltsamen Zustand, wie in einem Wachtraum. Kelly war früher bei den Navy-Tauchern gewesen. Er war ein hoch gewachsener Machotyp mit dem Verstand eines Ingenieurs und dem Herzen eines spirituell Suchenden.

Ich betete um Entspannung und sah die griechische Kriegsgöttin Athene wie eine mächtige Operationsschwester an meiner Seite. Sie ging auf und ab und beobachtete Kelly, sodass ich mich sicher genug fühlte, meine Augen zu schließen und mich der Heilung hinzugeben.

Sobald ich mich entspannte, begriff ich den Grund für Athenes Gegenwart. Das flackernde Licht hinter den Kristallen versetzte mich direkt in meine Erinnerungen an die atlantischen Heiltempel, in denen auch heilende Kristall-Liegen gestanden hatten. In Atlantis fiel das starke mediterrane Sonnenlicht durch eine Öffnung im Dach des Tempels direkt auf einen pyramidenförmigen Altar. Diese Lichtpyramide wurde dann in die Kristallspitzen geleitet, die wir Priesterinnen über die Chakras unserer Patienten hielten, die auf ausgehöhlten, polierten Liegen aus reinem Kristall lagen.

Wie in den atlantischen Tempeln ging es auch bei Kellys Heilarbeit unter anderem darum, energetische Gifte aus der Aura des Patienten zu entfernen. Als Erstes sah ich, wie Kelly eine große, schwarze, spinnenförmige Masse aus meinem Kehlchakra zog. Ich hatte die Vision von jemandem, der auf meinen Erfolg als Vortragende neidisch war und deshalb einen Fluch auf mich geworfen hatte, der sich in Form dieser Spinne manifestierte.

Als Nächstes entfernte Kelly die Energie eines älteren Ehepaares, das sich in einer medialen Sitzung an mich geheftet hatte. Als mich das Paar verließ, stieg meine Energie spürbar an. Sie waren liebe Leute, doch mir wurde klar, dass sie einer der Gründe für meine Erschöpfung waren.

Eigentlich schütze ich mich in meiner medialen Arbeit, indem ich den Erzengel Michael anrufe und weißes Licht um mich visualisiere. Doch bei den Tourneen vergaß ich es manchmal, mich bei kleineren Veranstaltungen ausreichend zu schützen. Das Paar hatte mich nicht auf bösartige Weise besetzt, sie waren einfach verirrte Reisende, die ich aufgrund meiner Müdigkeit nicht bemerkt hatte.

Das durch die Kristalle flackernde Licht fühlte sich wunderbar an. In der Helligkeit dieser Maschine und unter Kellys reiner Absicht und Chris' Gebeten konnte sich keine Dunkelheit verstecken.

Ich spürte Kelly neben meinem Kopf. Als ich ein wenig meine Augen öffnete, sah ich, wie er mit aller Kraft ein großes, schwarzes, birnenförmiges Etwas aus meinem Kopf zog. Wie bei einem Gärtner, der an einem besonders tief verwurzelten Unkraut zieht, wölbte sich Kellys Bizeps unter der Anstrengung, dieses Biest aus meinem Kronenchakra zu entfernen. Kelly selbst war von einem goldenen Licht umgeben, doch es strahlte nicht nur aus seiner Aura. Hinter ihm stand eine Truppe wunderschöner und mächtiger Göttinnen: Ich sah Aine, die keltische Feenkönigin; Aphrodite, die griechische Liebesgöttin; Maeve, die mir erklärte, dass sie mir bei meinen Problemen mit meiner Periode helfen würde, und natürlich Athene.

Eine Vision des atlantischen Heiltempels nahm meine Aufmerksamkeit gefangen. Plötzlich wurde es mir klar. Ich hatte zwar unzähligen Menschen in unseren Tempeln Heilungen gegeben, doch ich hatte nie selbst eine empfangen. Und in diesem Leben hatte ich dieses ungesunde Muster weitergeführt.

Ich erkannte auch, wie oft ich Interesse geheuchelt hatte, als jemand mir sein Leid klagte, und wie mir das Energie raubte. Ich musste anderen gegenüber ganz authentisch werden. Die Integrität verlangte, dass ich nicht netter tat, als ich mich fühlte, und kein Interesse an den negativen Geschichten der anderen mehr vortäuschte. Wenn ich wirklich die Hohepriesterin in mir erwecken wollte, musste ich meine Wahrheit mutig und liebevoll verkünden.

Ich dachte an Louise Hay, eines meiner großen Vorbilder und meine Mentorin. Ich hatte das Glück gehabt, mit ihr zu reisen, während sie Seminare gab. Eines Tages aßen Louise und ich in Denver zu Mittag, als mich jemand ansprach, der ein Autogramm von mir wollte. »Wir essen gerade zu Mittag«, stellte Louise sehr sachlich fest. »Sprechen Sie Doreen doch bitte hinterher an.« In meisterlicher Weise und mit entwaffnender Anmut sprach Louise genau das aus, was sie dachte. Sie schien sich dessen auch nicht im Geringsten zu schämen.

Immer weiter zog Kelly psychischen Müll aus meinem Körper und meiner Aura. Am Ende der Sitzung erinnerte er mich an Erzengel Michael nach einer harten Schlacht mit den dunklen Mächten.

Nachdem ich mir meiner Umgebung wieder voll bewusst war, wandte ich mich meinem Heiler zu. Sein Ausdruck konnte nicht über seine Erschöpfung hinwegtäuschen. »Das ist der Grund, weshalb ich nicht so oft zu Heilungen gehe«, dachte ich. »Genauso wie mein langes Haar für die Friseure anstrengend ist, stellt meine weltgebeutelte Aura für jeden Heiler eine Zumutung dar.«

Kelly sprach langsam und nachdrücklich. »Das war die härteste Schlacht, die ich je geschlagen habe. Du musst dich besser schützen!«

Bei den häufigen Vorträgen, Seminaren und vielen Heilsitzungen vergaß ich oft, mich ausreichend abzuschirmen.

Sich abschirmen bedeutet, um sich oder eine andere Person oder ein Objekt einen schützenden Lichtschleier zu ziehen. Dieses Licht wirkt dann wie ein Filter, durch den nur Liebe dringen kann. Alle niederen Energien werden durch das Licht verwandelt. Weißes Licht ist die lebendige, intelligente Essenz der Engel. Wenn Sie also um eine Person oder ein Objekt weißes Licht visualisieren, so rufen Sie die Engel um Schutz an.

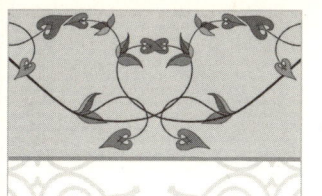

5
Daheim in Laguna Beach

Laguna Beach ist eine Art Künstlerdorf, voller ungewöhnlicher, zauberhafter Leute. Auch John, den Steven gerade grüßte, gehörte dazu. Seine Spezialität waren Feen-Gemälde.

»Wollt ihr Dovena kennenlernen?«, rief John. Als er seinen Arm ausstreckte, erkannten wir, dass darauf eine kleine, braune Taube saß. Ich war von ihrer sanften Energie und ihrem wunderschönen Ausdruck sofort fasziniert, und mir wurde ganz warm ums Herz.

»Möchtest du sie mal halten?«, fragte mich John und reichte sie mir. Während John erklärte, wie er sie als jungen Vogel mit gebrochenem Flügel gefunden hatte, kuschelte sich der Vogel in meine Hand. John hatte sie gesund gepflegt, doch obwohl es ihr jetzt freistand, wieder wegzufliegen, blieb sie bei ihm.

Dovena schloss ihre Augen und entspannte sich. Ich spürte starke Wellen von Liebesenergie durch mich hindurchrauschen, die ich nur als göttinnengleich beschreiben könnte. Sie ließ sich von mir streicheln, und ich fühlte mich genährt und geheilt. Sie war eine wahrhaft reinherzige Heilerin, von der ich mit gutem Gefühl annehmen konnte.

Vollmond-Heilung

Der Vollmond ist immer ein guter Zeitpunkt, um alles Mögliche loszulassen. Nach einer wundervollen ayurvedischen Massage saßen Steven und ich in Liegestühlen auf unserer Veranda und nahmen ein Mondbad. Dabei führten wir eine Lösungszeremonie durch.

Zuerst sprachen wir darüber, was wir loslassen wollten. Mir wurde klar, dass ich überflüssige Schuldgefühle, nicht genug für meine Kinder, meine Eltern und Steven zu tun, mit mir herumschleppte. Unter dem Vollmond schwor ich, diese Gefühle jetzt loszulassen.

Ein großer Stern glitzerte rot, blau und rosa, wie ein riesiger, angestrahlter Kristall.

»Das ist Sirius, der Hundsstern«, erklärte Steven. Er erklärte mir, dass dieser Stern der Hund von Orion, dem großen Jäger, sei. Etliche Kulturen berichten von Göttinnen, die von diesem Stern gekommen sein sollen. Zum Beispiel betrachteten die alten Ägypter Sirius als die Heimat der Göttinnen Sopdet und Isis. Später waren sie davon überzeugt, dass Sirius den Hund verkörpere, der einst Osiris und seiner Schwester/Frau Isis gehört hatte.

Steven entzündete etwas Salbei, um unser Umfeld zu reinigen. Wir hatten beide auf ein Stück Papier geschrieben, was wir loslassen wollten. Zur Eröffnung der Zeremonie bat ich darum, dass die gesamte Göttinnen-Energie in mir und um mich herum vollständig erwachen solle. »Zum letzten Vollmond des Jahres 2003 bitte ich darum, dass alle alten Energien und Disharmonien sich voll und ganz lösen können«, erklärte ich.

Dann lasen wir uns gegenseitig unsere Zettel vor, zündeten sie an und warfen sie in eine bereitstehende Blechdose. Während die Papiere verbrannten, spürte ich, wie sich diese Last, die ich mir selbst aufgeladen hatte, von meinen Schultern hob.

6
Die Mysterienschule der Mayas

Yvonne Delafol hatte meine Bücher über Indigo- und Kristallkinder gelesen und Steven und mich nach Cancún in Mexiko eingeladen. Ivonnes Leidenschaft ist es, Kindern zu helfen. Sie hat in Mexiko ein Waisenhaus gegründet.

Wir waren eingeladen, im Ritz-Carlton Ivonnes Gäste zu sein, und sie hatte uns für diesen Abend im Hotel zum Abendessen eingeladen. Während Steven und ich in der üppig dekorierten Lobby auf sie warteten, hörten wir einem Klavierspieler zu, der in der Hotelbar eine herrliche Version von Billy Joels »Piano Man« zum Besten gab.

Als das Lied zu Ende war, kam eine wunderschön gekleidete junge Frau auf uns zu und stellte sich vor. »Hallo, Sie müssen Steven und Doreen sein. Ich bin Ivonne Delaflor. Das bedeutet, ich komme von den Blumen.«

»Wie die Feen!«, sagte ich begeistert und dachte dann, dass Feen wohl nicht das beste Thema sind, um bei einer neuen Bekanntschaft einen guten Eindruck zu machen.

»Genau!«, lächelte sie, und wir freuten uns beide, jemanden getroffen zu haben, der auch daran glaubte.

Ebenfalls eingeladen war ein Fachmann für die Astrologie der Mayas. In meinem Kopf drehten sich die Gedanken um die mögliche Bedeutung dieser Begegnung. Endlich konnte ich einen Experten über die Numerologie und den Kalender der Mayas befragen. Das würden interessante Tage werden, dachte ich.

Wir wurden in ein vornehmes Restaurant mit Marmorfußboden und hoher, getäfelter Decke geführt. Ivonne stellte uns Alex Sleiki vor, einen hoch gewachsenen, jungen Mexikaner, der Astrologe, Engel-Medium und Drehbuchautor war.

Während aufmerksame Kellner uns umtänzelten, erklärte Ivonne ihren persönlichen Hintergrund. 1989, am mexikanischen Totentag, saß sie in einem Auto, das gegen eine Betonwand fuhr. Kurz vor dem Aufprall sah sie eine Vision von Mutter Maria auf dieser Wand. Ihr rechter Arm wurde bei dem Unfall abgetrennt, aber sie blutete nicht im Geringsten. Ihr Arm konnte wieder anoperiert werden, und sie war davon überzeugt, dass sie ihr Leben und ihren Arm nur Mutter Maria verdankte.

Dann erzählte Alex, dass er schon immer empfindsam gewesen sei und seit seiner Kindheit Geister sähe. Die Geister halfen Alex, mit seinem schwierigen jungen Leben umzugehen. Einer seiner Lehrer schlug ihm vor, es doch einmal mit automatischem Schreiben zu probieren. So lernte Alex, mit der Welt der Engel und Geister zu kommunizieren.

Nun wurde es richtig spannend, denn Alex begann die Astrologie der Mayas zu erklären. »Das System beruht auf dreizehn Häusern«, fing er an. Da die mexikanische Kultur matriarchal war und die Mutter und das Weibliche würdigte, überraschte mich das nicht. Die Zahl Dreizehn wird in allen Kulturen verehrt, die die Kraft der dreizehn Monatszyklen der Frau und des Mondes anerkennen. Nur in Kulturen, die die Macht des Mondes und der Frauen fürchten, gilt die Dreizehn als Unglückszahl.

»Die Astrologie der Mayas hilft uns, Zugang zu Tzolkin zu finden«, fuhr Alex fort. Dieser Maya-Begriff bedeute, zu leben, woran man glaubt.

Die Astrologie der Mayas dient dazu, den Sinn unseres Lebens zu entdecken, und Alex erklärte, wie jedes der astrologischen Zeichen auch einem geistigen Tierführer zugeordnet ist. Seine Tiere seien der Pegasus und die Schlange.

»In der Tradition der Mayas sind die Schlange, die den Körper repräsentiert, und der Adler, der für den Geist steht, von großer Bedeutung. Wir glauben – und unsere Prophezeiungen sagen uns –, dass Adler und Schlange sich vereinen müssen. Sie sind auch auf der mexikanischen Flagge abgebildet.«

Er zog eine Art astrologischer Scheibe aus der Tasche und fragte mich nach meinem Geburtsdatum. Als ich »29. April 1958« erwiderte, meinte er nur: »Kein Wunder!«

Ich beugte mich vor, um besser zu sehen, worauf sich die Scheibe richtete. Die Symbole waren mir alle fremd, also bat ich Alex um Erklärungen.

»Sie sind ein Drache, der von einer Schlange geführt wird! In der Astrologie der Mayas lautet das Motto des Drachen: ›Ich nähre das Selbst durch die Kraft des Seins.‹ Der Drache steht für das Buddha-Selbst. Er ist ein Hüter der Ganzheit und des Verstandes. Der Drache korrespondiert auch mit der Zahl Acht, was Harmonie, Integrität, Vorreiterfunktion und Wohlstand bedeutet. Sie sind eine Schamanin oder eine Zauberin, jedenfalls nach der Astrologie der Mayas.«

»Ist das nicht wundervoll?«, meinte ich. »So ein großartiges New-Age-Gespräch mitten im Ritz zu führen?«

Ivonne erhob ihr Glas Wasser zu einem Toast und sagte: »Es zeigt uns, dass nichts getrennt ist. Halte nur immer dein Herz offen, und sei es im Ritz…«

Wir tranken auf die Grenzenlosigkeit. Warum sollten Spiritualität und Armut aneinandergekoppelt sein? Will der Schöpfer nicht das Beste für uns alle? Und ist das Universum nicht voll unendlicher Fülle, die sich ständig erweitert?

Ich schwor mir, die Liebe des Schöpfers beständiger widerzuspiegeln, indem ich ein mentales und verbales Entgiftungsprogramm durchführte und nur noch Liebe denken und aussprechen würde.

Als wir uns nach einem langen, entspannten Abendessen Gute Nacht sagten, verneigte sich Alex vor Steven und mir mit den Worten: »In'Lakech.« Auf unseren erstaunten Ausdruck hin erklärte er, dieser Maya-Gruß bedeute: »Ich bin ein anderes Du.« Ähnlich wie der indische Gruß »Namaste« erinnert auch »In'Lakech« uns an unsere Einheit.

7

12/12 –
Der Tag der Heiligen Mutter

Die Dame an der Rezeption hatte uns erzählt, die El-Rey-Ruinen seien nur eine Viertelstunde zu Fuß entfernt. Nach einer Stunde schienen wir unserem Ziel jedoch immer noch nicht nahe zu sein. Es war der 12. Dezember, und die Engel hatten mir gesagt, dass die Zahl Zwölf sehr machtvoll sei, vor allem, wenn sie, wie an diesem Tag, doppelt auftrete. Die Wegzeichen ließen uns hoffen, dass es jetzt nicht mehr weit sei bis El Rey, also gingen wir weiter. Der laute Verkehr machte jedes Gespräch unmöglich. Doch sobald wir durch das Tor von El Rey schritten, wusste ich, dass sich die Mühe gelohnt hatte.

Die Energie von El Rey war sowohl lieblich als auch machtvoll, eine gute Mischung aus dem weiblichen Yin und dem männlichen Yang. Da ich dabei war, ein Büchlein zu meinen »Orakel der Göttinnen«-Karten zu verfassen, war ich ohnehin stark mit der Göttinnen-Energie verbunden. Vor allem hatte es mir die Maya-Göttin Ixchel angetan (ausgesprochen: Ihschell). Ich fühlte mich von ihren starken Heilkräften und ihrer Verbindung zum Wasser angezogen. Sie gilt als die Verkörperung der Wasserfälle, des Regens und des Wassers im Regenbogen.

El Rey besteht aus den Ruinen einer Mayastadt. Von den meisten Gebäuden sind nur noch die Fundamente und ein paar

Steinsäulen übrig. Auf den warmen Steinen sonnten sich zahllose Iguanas, kleine mexikanische Leguane. Sie sahen aus wie winzige Drachen, die die Tore bewachen.

Ich erklomm einen Pyramidentempel und setzte mich oben auf die Plattform. Von hier aus konnte ich einen Bereich erkennen, in dem wahrscheinlich Zeremonien stattgefunden hatten.

Ich schloss meine Augen und betete zur Mutter, der Schöpferin: »Heilige Mutter ... Maria ..., Ixchel ..., Schöpferin ... Es scheint so viel Irrsinn in der Welt zu geben. Bitte gib mir eine heilende Botschaft.«

Eine mächtige weibliche Stimme donnerte sofort durch meinen Geist. Sie klang wie eine Mischung aus vielen Stimmen, und ich erblickte eine wunderschöne Maya-Königin mit einer vogelartigen Frisur. Es war Ixchel! Mein Herz machte vor Freude einen Sprung.

»Ihr betrachtet eure Mitmenschen oft mit Misstrauen und fühlt euch verletzlich und unsicher«, sprach sie. »Umhüllt jede Situation mit mütterlicher Liebe. Bedeckt die Erde mit der nährenden Energie, die sie braucht und so verdient. Nutzt euer ganzes Wissen, um sie für die nächste Generation in einen besseren Zustand zu bringen. Kehrt zur Hoffnung zurück. Hoffnung und Vertrauen sind Labsal für eure Seelen und sättigen den Hunger eures Körpers nach höherer Schwingung. Hoffnung ist wie ein Magnet, sie zieht jene neuen Erfahrungen und Abenteuer zu euch, die ihr euch wünscht. Hört auf, ständig neue negative Gedanken und Szenarios wie bei einer Kostümprobe durchzuspielen, sonst werdet ihr sie noch erfolgreich in euer Feld ziehen. Parallele Universen«, fuhr Ixchel fort, »gab es schon, lange bevor der Mensch die Landschaft der Materie betrat. Energetisch sind sie Fenster, sie ähneln ein wenig diesen Drehtüren in euren Läden. Ihr könnt eine Wirklichkeit ausschließen und euch dafür auf eine andere einlassen. Ihr tut das einfach, indem ihr Entscheidungen trefft: ›Ich will so leben und nicht so.‹ Die Macht des menschlichen Denkens ist jenseits eures dreidimensionalen Begriffsvermögens. Aber ihr könnt trotzdem an seinen Segnungen teilhaben, wenn ihr kollektiv und individuell gesegnete Entscheidungen trefft. Zeigt eure Stärke, indem ihr euch mit diesem sensiblen Teil von euch wieder verbindet. Entscheidet euch für einen sauberen Planeten, für einen freundlichen Umgang mit all seinen Kindern und Tieren. Ihr steckt so viel Energie hinein, euch Sorgen zu machen. Das ist eine fehlgeleitete Art des Betens. Lasst euch doch lieber auf ein absehbares Risiko ein und fällt feste, kollektive Gruppenentscheidungen, die dann auch ausgeführt werden können.«

Auf unserem Heimweg zum Hotel dachte ich noch lange über Ixchels Worte nach. Die Göttin hatte die Macht unserer kollektiven und individuellen Entscheidungen betont. Sie meinte, aus lauter Angst eine »falsche« Entscheidung zu treffen, säßen wir zu oft abwartend neben dem Leben. Ixchel wies darauf hin, dass etwas geschehen muss, um unseren Planeten wieder zu reinigen, und dass wir deswegen unsere Apathie und Unentschiedenheit überwinden müssten.

Ich dachte an all die Male, wo ich eine klare Entscheidung getroffen hatte und dann unmittelbar vom Universum unterstützt wurde. Als junge Mutter hatte ich zum Beispiel wenig Geld für Lebensmittel und Miete. Einmal war es so, dass ich nicht wusste, mit was ich meine Söhne ernähren sollte. Ich stampfte mit dem Fuß auf und rief zum Universum: »Ich brauche Essen, und zwar jetzt!« Eine Stunde später fand ich im Supermarkt eine Hundertdollarnote. Zu einem anderen Zeitpunkt erhielt ich einen Tag, bevor mir der Strom abgestellt werden sollte, unerwartet einen Scheck, der genau meine offenen Rechnungen beglich.

Wann immer ich mir über meine Bedürfnisse und Entscheidungen kristallklar war, geschah etwas Magisches. Doch wenn ich in meiner Unentschiedenheit hin und her wankte, blieb alles beim Alten oder verschlechterte sich sogar.

Meine Klarheit verband mich mit der Quelle. »Das ist wahre Zauberei! Zauberei aus der Quelle!«, dachte ich. Wahre Zauberei verbindet uns mit unserer Quelle, mit unserer göttlichen Kraft. Wenn wir wirklich nach dem Bilde unseres Schöpfers erschaffen wurden, dann liegt auch in uns die Fähigkeit, zu erschaffen.

In den Jahrhunderten religiöser Verfolgung haben wir eine Gehirnwäsche durchlebt. Es wurde uns beigebracht, dass es falsch sei, diese Kraft anzuwenden. Wir haben unser Selbstbestimmungsvermögen an sogenannte Autoritätspersonen abgegeben, ohne zu merken, dass wir unsere eigenen Autoritäten sind!

Ixchels Worte wärmten mir das Herz, denn sie erinnerten mich daran, wie wichtig es für uns alle ist, uns unseres eigenen Zugangs zur Kraft wieder bewusst zu werden.

Ein Alabasterdrachen auf violetten Wolken

Am nächsten Morgen versammelten Steven, Alex, Ivonne und ich uns in einem Konferenzraum des Hotels, in dem ich mein Tagesseminar über Engel abhalten sollte.

Ich begab mich in eine leichte Trance und begann mit dem Seminar. Alex saß neben mir und übersetzte meine Worte auf Spanisch. Seine Energie war wunderbar, und wir sahen einander oft an und tauschten uns wortlos aus. Auch er empfing während dieses Tages Engel-Botschaften.

In meinen Seminaren lasse ich mich von den Engeln leiten, denn sie wissen genau, was die jeweiligen Teilnehmer brauchen. An diesem Tag entstand daraus eine Mischung aus Lehren und geführten Meditationen. In der ersten Meditation beschrieb ich die Erzengel Michael und Raphael.

In Michaels Aura sehe ich einen klaren goldenen Schein direkt um seinen Körper herum, und darüber liegt ein elektrisches Violett, das mit Kobaltblau vermischt ist. Viele Menschen sehen Lichtblitze in Violett oder Blau, wenn Michael in der Nähe ist.

Der Erzengel Raphael ist der Schutzengel der Heiler und Heilungen. Seine Aura leuchtet smaragdgrün, was ihm eine überirdische Ausstrahlung verleiht. Mit seinem Zeigefinger und seinem grünen Licht heilt und lehrt er. Er hilft Heilern, erhört Gebete um physische Heilung, hilft Jesus und anderen Aufgestiegenen Meistern, befreit von Süchten, findet verlorene Haustiere, begleitet Reisende und sorgt für Tiere.

Nachdem ich Michael und Raphael beschrieben hatte, fuhr ich fort: »Stellt euch vor, diese Erzengel stehen vor euch und umarmen euch liebevoll. Spürt und fühlt, wie die Erzengel euch himmelwärts tragen. Ihr seid gut aufgehoben, sicher und geliebt und könnt zur Erde zurückkehren, wann immer ihr wollt. Michael und Raphael bringen euch zu einer großen, wunderschönen, violetten Wolke, in der die Schwingung viel höher ist als hier. Diese Wolke erhebt euren Geist und eröffnet neue Wege für euch und euer Leben.«

Meine Meditationen verändern sich ständig, da die Engel mir immer neue Visionen zeigen. Ich reise genauso wie meine Teilnehmer, und manchmal kann ich mich nicht mehr daran erinnern, was ich gesehen oder gesagt habe, weil ich mich in einem stark veränderten Bewusstseinszustand befinde.

Diese Meditation ist mir jedoch unvergesslich geblieben, denn auf der violetten Wolke sah ich einen weißen Drachen mit ein wenig violettem Fell um den Kopf sitzen. In der Pause erzählte ich Alex davon.

»Wie sah er aus?«, fragte Alex interessiert nach.

Als ich ihn genauer beschrieb, rief Alex: »Das ist mein Drache gewesen! Sein Name ist Ashtorg, und er arbeitet mit Quetzalcoatl zusammen, der höchsten Maya-Gottheit. Quetzalcoatl ist der Maya-Gott der Medizin, Heilung und Fruchtbarkeit, und er steht mit dem Planeten Venus in Verbindung.«

Mir wurde klar, was hier vor sich ging: Der Drache war zu mir gekommen, um mir zu helfen, meine Angst und mein Misstrauen diesen Kreaturen gegenüber abzubauen. In meinen medialen Sitzungen war ich oft Drachen begegnet. Manche davon waren die Geistführer meiner Klienten, manche waren von himmlischer Energie und zahm wie Haustiere, doch viele meiner Klienten hatten Drachen, die sich in ihnen festgesetzt hatten und ihnen nicht guttaten. Diese Drachen stahlen diesen Menschen Energie und brachten ihnen Negativität.

Durch diese Erfahrungen mit Drachen hatte ich kein gutes Gefühl ihnen gegenüber und misstraute ihnen. Doch jetzt befand ich mich auf Maya-Gebiet, und hier galten Drachen als heroisch und tugendhaft. Außerdem hatte Alex mir erzählt, dass mein astrologisches Zeichen nach Maya-Tradition der Drache sei. Ich war offen genug, mir diese Wesen noch einmal aus einem anderen Blickwinkel zu betrachten.

»Gibt es eine Verbindung zwischen der Göttin und den Drachen?«, fragte ich mich. In vielen Kulturen gelten Drachen als Mittler zwischen Himmel und Erde. Die Babylonier glaubten zum Beispiel, dass ein Drache namens Tiamat die Urmutter all ihrer Götter war. Tiamat existierte schon vor der Erschaffung der Welt, und sie kam aus dem Wasser. Ihr Schwanz erstreckte sich bis zum Himmel, und ihr Körper reichte auf die Erde. In alten Abbildungen wurde Tiamat als Meerjungfrau oder als schöne Frau mit einem Drachenschwanz dargestellt.

Die Azteken verehrten Itzpapalotl, eine Drachengöttin mit Schmetterlingsflügeln, welche ihre Fähigkeit zur positiven Transformation symbolisieren. Itzpapalotl ist eine Schöpfungs- und Fruchtbarkeitsgottheit.

Die chinesischen Schöpfungsmythen schreiben es der Drachengöttin Nu-Kua zu, aus Ton die ersten Menschen erschaffen zu haben. Und dann hauchte Nu-Kua ihnen göttliches Leben ein.

Alte afrikanische Mythen berichten davon, dass der androgyne Drache Aido Hwedo das erste Wesen auf der Erde war. Sein Dung hat die ersten Berge gebildet, und mit seinem Schwanz stützt er die Erde.

Die japanische Meeresgöttin Benten reitet auf einem Drachen, wenn sie den Menschen ihren Segen und ihren Schutz bringt. Die Berichte über Drachen sind weltweit in so vielen Kulturen verbreitet, dass man sich fragen muss: »Gab es vielleicht in grauer Vorzeit wirklich Drachen auf der Erde und sind sie irgendwann ausgestorben?« Wie sonst ist es erklärbar, dass überall auf der Welt das gleiche Wesen beschrieben wird?

Es faszinierte mich, dass in so vielen Kulturen die Drachen mit Schöpfung und Wasser in Verbindung gebracht werden. Könnte das eine bruchstückhafte Erinnerung an unsere eigenen Ursprünge im Wasser sein? Könnte sich dahinter eine Verbindung zwischen der Erschaffung des Menschen und Wasserwesen wie den Delfinen oder Seekühen verbergen?

Auf alten Abbildungen der Drachen-Schöpfungsgottheiten verblüfft mich immer wieder, wie sehr sie Meerjungfrauen ähneln. In Indien werden die Nagas der Gewässer als wunderschöne Wesen dargestellt, deren obere Hälfte menschlich und deren untere Hälfte schlangen-, fisch- oder drachenartig ist.

Viele Kulturen glauben an Schöpfungsgötter in Amphibiengestalt. In der syrischen Tradition gilt eine Meeresgöttin namens Atargatis als die Schöpferin der Welt. Die chinesischen Schöpfergötter Nu-Kua und Fu-Hsi sehen aus wie eine Meerjungfrau und ein Wassermann. Ein amphibischer Schöpfergott namens Oannes brachte den Babyloniern die Zivilisation. Der afrikanische Stamm der Dogon glaubt, dass sie von amphibischen Wesen namens Nommos erschaffen wurden, die von dem Stern Sirius kamen (den die Dogon genau beschreiben können, ohne je etwas über Astronomie gelernt zu haben). Selbst Isis und Osiris wurden im alten Ägypten manchmal mit Fischschwänzen abgebildet.

Warum tauchen in so vielen Schöpfungsmythen Meereswesen auf, wenn nicht wenigstens ein Fünkchen Wahrheit darin ist? Ich wollte unbedingt mehr darüber herausfinden.

8
Chichén Itzá

Unsere Gastgeberin Ivonne Delaflor lud uns ein zu einer Fahrt in das 200 Kilometer entfernte Chichén Itzá. Unser Führer war Manuel Zaldivar, ein warmherziger, sanfter, 57 Jahre alter Maya-Schamane, der im Alter von sieben Jahren nach Chichén Itzá gekommen war. Er kannte diesen Ort also seit 50 Jahren – wir waren in guten Händen.

»Und seit 17 Jahren arbeite ich als professioneller Führer«, fügte er hinzu.

Ich erzählte Manuel von meiner Erfahrung mit der Maya-Göttin Ixchel, die eine enge Verbindung mit Chichén Itzá hat.

»Sie hat noch eine Schwester«, erklärte Manuel. »Ihr Name ist Ixtab, und sie repräsentiert den weiblichen negativen Standpunkt, während Ixchel für das weibliche Positive steht.«

Ich verstand nicht, was Manuel mit positiven und negativen Standpunkten meinte, und fragte nach.

»Die Mayas glauben an die Dualität«, sagte er. »Positiv und Negativ, Tod und Geburt.« Er erklärte, dass der Tod nicht negativ im Sinne von »schlecht« sei. »Bei den Mayas bedeutet ›negativ‹ Ende und ›positiv‹ Anfang. Ixtab ist zum Beispiel die Hüterin der Selbstmörder. Sie steht den Selbstmördern vor und nach ihrer Tat bei. Sie hilft auch den Kindern, die bei der Geburt sterben.«

Mir wurde klar, dass ich einen offenen Geist brauchen würde, um von Manuel zu lernen, daher rief ich den Erzengel Jophiel um Hilfe an. Jophiel ist der Erzengel der Schönheit. Er verschönert unsere Gedanken und lässt uns über die Ebene egozentrischer Urteile hinauswachsen.

»In der Kultur der Mayas gibt es kein Gut und Böse«, fuhr Manuel fort. »Wir lernten erst von den Spaniern, die Dinge in Gut und Böse zu unterteilen – den Mayas ist das Gleichgewicht zwischen einem spirituellen und einem materiellen Fokus wichtiger.«

Manuel erläuterte den Schöpfungsmythos der Mayas: »Wir glauben, dass wir von unseren vier androgynen Großeltern abstammen, die aus einem Pantheon von Göttern hervorgegangen sind. Ein großer Teil unserer Schöpfungsgeschichte steht in unserem heiligen Buch, dem ›Popol Vuh‹. Die Mayas glauben, dass am Anfang alles dunkel war und dass das Leben aus dem Wasser kam. Dann folgte das Licht. Das Leben entstand aus vier Schöpfungsmüttern, die im Wasser lebten und sich mit Göttern vermählten. Die erste Schöpfungsmutter heißt Cahá-Paluna, das bedeutet ›stehendes Wasser, das von oben fällt‹. Die nächste heißt Chomiha: ›schönes, erwähltes Wasser‹, die dritte Tzununihá: ›Wasser der Kolibris‹ und die vierte Caguixahá: ›Wasser der Papageien‹.«

Ich erzählte Manuel von meiner Begeisterung für Meereswesen und von meiner Überzeugung, dass wir alle dem Wasser entstammen.

»Die Mayas glauben, dass alles Leben aus dem Meer kommt. In unseren heiligen Ritualen verwenden wir Wasser. Das Wort ›Itzá‹ von Chichén Itzá bedeutet ›der Brunnen der Wasserzauberer‹.«

An dem großen heiligen Brunnen von Chichén Itzá führten die Mayas Zeremonien durch. Der Begriff »Wasserzauberer« interessierte mich. Ob die Mayas mithilfe von Wasser heilten und auf magische Weise Dinge manifestierten? Es hieß, die Wasserzauberer würden Elementale wie Undinen und Nixen für sich arbeiten lassen.

Ich fragte nach der Spiritualität der Mayas, und Manuel erklärte: »Die Philosophie der Mayas ist, andere so zu behandeln, wie du selbst behandelt werden möchtest. Die Menschheit hatte einst die gleichen Fähigkeiten wie Gott und die Götter, zum Beispiel zu levitieren, doch wir haben diese Fähigkeiten verloren, weil wir begannen, Fleisch zu essen und uns zu vergiften. Hat man seine göttlichen Fähigkeiten erst einmal verloren, so ist es schwierig, sie wiederzuerlangen. Das ist weniger eine Strafe als einfach eine Konsequenz, denn durch Fleisch und Alkohol wird das Energieniveau gesenkt.«

Die Pyramide

Ich hatte bereits Bilder von Chichén Itzá gesehen, und trotzdem übertrafen seine majestätische Größe und Schönheit all meine Erwartungen.

»Die Pyramiden wurden nach den mathematischen Gleichungen aus dem Maya-Kalender errichtet. Die Mayas verwendeten zwei Kalender-Systeme, den Tzolkin mit 260 Tagen und den Haab mit 365 Tagen. Der Tzolkin hat eine weibliche Energie und hängt mit den Schwangerschaftszyklen, dem Mond und der Venus zusammen. Man könnte ihn den Kalender der Göttin nennen. Die 260 Tage entsprechen ungefähr den neun Monaten der Schwangerschaft. Mond und Venus werden schon seit langer Zeit mit der Göttin und dem Weiblichen assoziiert. Der Tzolkin korrespondiert auch mit den Zyklen der Venus, die in ungefähr 260 Tagen einmal vom Morgen- zum Abendstern wird. Und die Entfernung zwischen Erde und Venus beträgt ebenfalls circa 260 Millionen Kilometer.

Der 365-Tage-Kalender Haab beruht dagegen auf dem Zyklus der Sonne, wie der gregorianische Kalender. Das ist eine mehr maskuline Energie. Viele der Architekturen der Mayas beruhen sowohl auf dem Tzolkin als auch auf dem Haab, verbinden also weibliche und männliche Energien. Im Inneren der Pyramide sind auf jeder Seite 65 Stufen, insgesamt also 260. Auf ihren vier Außenseiten führen jeweils 91 Stufen nach oben, also insgesamt 364. Das bezieht sich auf die 91 Tage zwischen den Sonnenwenden und Tagundnachtgleichen. Mit der großen Stufe oben auf der Pyramide sind es dann 365. So sind die weiblichen und die männlichen Energien in der Pyramide im vollkommenen Gleichgewicht. Die Mayas sind eine matriarchale Gesellschaft.«

Während Steven und Manuel in den Ruinen umherwanderten, kletterte ich auf die halbe Höhe der Pyramide und setzte mich auf eine Stufe. Die Sonne ging langsam unter, und der kühle Schatten war nach dem sehr heißen Tag angenehm.

Ich schloss die Augen und rief im Stillen Ixchel und ihre Schwester Ixtab herbei. »Bitte kommt zu mir, ihr großen, alten Göttinnen! Bitte gebt mir eine Botschaft, sowohl für meine eigene Heilung und mein Wachstum als auch für die Heilung und das Wachstum derer, die dies lesen werden.«

Die Antwort kam unmittelbar.

»Solange die Verteilung des Wohlstands derart ungleich ist, kann niemand wirklich Erfolg haben oder angemessen überleben. Die Grundlage einer erfolgreichen Zivilisation ist die Fülle für alle. Bei den alten Mayas und Tolteken beruhte die Aristokratie lediglich auf Spiritualität und Weisheit, nicht auf Wohlstand. Niemand wollte mehr haben als die anderen. Sie lebten kooperativ, nicht durch Dominanz und Überwältigung. Sie gaben den Orten auf der Erde Namen, aber sie behaupteten nicht, sie zu besitzen. Sie betrachteten die Erde und die Sterne als ihre Lehrer, nicht als ihr Eigentum. Es gab einen respektvollen Umgang mit der Natur. Mensch und Natur sorgten füreinander. Und so ging man auch mit seinen Mitmenschen um: Man würdigte die natürlichen Zyklen, die Gleichheit aller

Menschen, die Gefühle der anderen und die Notwendigkeiten zur Erhaltung des Lebens.«

Die Göttin zeigte mir eine Vision eines violett-grünen Symbols, das ich in mein Notizbuch zeichnen sollte. Es war ein vierzackiger grüner Venusstern und eine eng aufgerollte Schlange, die hinter Venus in einem Kreis lag. Es sah ein bisschen aus wie ein keltisches Kreuz, abgesehen von den vielen Windungen der Spirale. Es erinnerte mich auch an alte indische Darstellungen der ozeanischen Schöpfergöttin, die eine Frau in der Mitte einer Spirale zeigen.

»Venus repräsentiert Heilung, Weiblichkeit und Göttlichkeit«, fuhren die Göttinnen fort. »Und die violette Schlange repräsentiert die Erde.«

»Hast du die Schlange auf der Pyramide gesehen?«, fragte mich Alex, als er und Steven von ihrem Rundgang zurück waren. Zuerst dachte ich, er hätte die gleiche Vision gehabt wie ich, doch als mein Blick seinem ausgestreckten Zeigefinger folgte, erkannte ich die auf jeder Seite der Pyramide eingemeißelten Schlangen.

»Bei jeder Tagundnachtgleiche wirft die Sonne einen Schatten auf die Stufen, der wie eine gefiederte Schlange aussieht«, fügte Manuel hinzu.

Die Architekten der Pyramiden waren wirklich gute Astronomen, Mathematiker und Zauberkundige gewesen.

Dann führte Manuel mich zu einem Tempel in der Nähe der Pyramide. Er wies auf ein Steinrelief an der Wand. »Das ist Venus!« Vor Staunen blieb mir der Mund offen stehen, denn die Darstellung sah genauso aus wie in meiner Vision auf der Pyramide! »Venus wird hier mit vier Zacken abgebildet, weil sie viermal im Jahr vor der Sonne vorbeizieht. Alle 52 Jahre, gemessen nach dem Haab-Kalender (das Jahr mit 365 Tagen), scheint das Licht der Venus genau auf diesen Punkt«, erklärte Manuel.

Der Regenbogen-Junge

Ivonne sagte, dass wir in einem Café in der Nähe zum Mittagessen mit einem anderen Maya-Schamanen namens Adalberto Rivera zusammentreffen würden.

Wir fuhren zu einem kleinen, malerischen Straßencafé. Auf den langen Bänken im Hof saßen auch andere Gäste. Mir gegenüber saß ein kleiner Junge und starrte mich aus lang bewimperten Augen an. An seinem festen und gleichzeitig sanften Blick erkannte ich in ihm eines der neuen Kinder. Doch dieser Junge schien mir anders zu sein als die Kristallkinder, denen ich auf meinen Reisen begegnet war. Seine Energie schien deutlich höher zu schwingen. »Es ist ein Regenbogenkind«, flüsterte mir eine Stimme ins Ohr, und ich bekam eine Gänsehaut.

Seine Mutter erzählte, dass der kleine José Luis am 3. März drei Jahre alt werden würde. Sie wies kurz auf das Datum 3/3 hin.

José starrte mich weiter an. Schließlich zeigte er auf sich selbst und sagte: »Ich bin ein Zauberjunge.«

Ich habe wohl ziemlich verblüfft geguckt, denn seine Mutter erklärte mir, dass José ziemlich medial begabt sei. »Er hat seiner älteren Schwester erzählt, dass sie einmal eine Ballerina war, obwohl sie nie den Ballettunterricht erwähnt hat, den sie vor seiner Geburt genommen hatte.«

Im Gegensatz zu den Kristallkindern schien José kein Problem mit Fremden zu haben und sich auch gerne mitzuteilen. Ich dachte an die Indigo- und Kristallkinder, die ich auf meinen Reisen kennengelernt hatte, und an die Unterschiede zwischen ihnen.

Indigokinder haben zum Beispiel eine recht maskuline Energie, einen starken Willen und natürliche Führungsqualitäten. Sie reagieren empfindlich auf Chemikalien, auch in ihrem eigenen Körper. Unaufrichtigkeiten bemerken sie sofort, und sie können sich in Bezug auf andere Menschen vollkommen auf ihr Bauchgefühl verlassen. Man kann Indigokinder nicht anlügen, unmöglich! Die Aufgabe ihrer Seelengruppe ist es, diesen Planeten von Korruption und Gier zu befreien und stattdessen Kooperation und Integrität zu fördern.

Dazu dienen auch ihre Wut und ihre Ängste. Es ist wichtig, den Indigos beizubringen, ihre Wut nicht zu unterdrücken, sondern auf konstruktive Art zum Ausdruck zu bringen. Sie brauchen ein Ventil für ihre Energie, sei es im Sportlichen oder im Künstlerischen. Ohne solche Ventile bekommen die Indigos Schwierigkeiten und werden dann oft fälschlich mit ADHS (Aufmerksamkeitsdefizit und Hyperaktivität) diagnostiziert.

Die nächste Generation der hochsensitiven Kinder wird »Kristallkinder« genannt. Im Gegensatz zu den Indigos sind sie ruhig, lieb und zurückgezogen. Ihre Energie ist sehr weiblich. Sie sind so still, dass sie manchmal fälschlich als autistisch gelten. Sie kommunizieren am liebsten telepatisch oder durch Musik. So können sie ihre tiefen Empfindungen besser zum Ausdruck bringen.

Kristallkinder haben eine tiefe Verbindung zur Natur, und sie brauchen es, regelmäßig im Freien zu sein. Sie entwickeln auch enge Beziehungen zu wilden oder domestizierten Tieren. Sie reagieren noch empfindsamer als die Indigos auf Chemikalien und brauchen oft eine spezielle Ernährung, besondere Körperpflegemittel und Stoffe, um allergische Reaktionen zu vermeiden.

Die Regenbogenkinder sind die nächste Schwingungsstufe nach den Kristallkindern. In ihnen sind die männlichen und weiblichen Energien vollkommen ausgeglichen. Sie wirken weise und gelassen wie kleine Buddhas. Sie geben lieber, als sie nehmen, und weil sie noch nie hier inkarniert waren, brauchen sie auch kein irdisches Karma abzuarbeiten. Deshalb suchen sie sich für ihre Inkarnationen auch nur harmonische, funktionierende Familien aus.

Die Regenbogenkinder beginnen gerade, diesen Planeten zu bevölkern. Der größte Teil der Indigokinder wurde zwischen

1975 und 1995 geboren. Die Kristall-Generation folgte ihnen und wird ungefähr bis zum Jahre 2015 weiter hierher kommen. Interessanterweise beginnt die eigentliche Zeit der Regenbogenkinder genau dann, wenn der Maya-Kalender sich dem Ende zuneigt.

Die Geheimnisse von Chichén Itzá

Adalberto Rivera und seine Frau trafen bei uns ein. Während Ivonne uns vorstellte, bewunderte ich die physische und energetische Ausstrahlung des Paares.

Adalberto ist der Autor des Buches »The Mysteries of Chichén Itzá«, dem Standardwerk über die esoterischen Aspekte der Tempel und Pyramiden. Er ist auch einer der wichtigsten internationalen Vertreter der wissenschaftlichen und religiösen Aspekte der Maya-Kultur. Eine seiner bedeutendsten Entdeckungen ist die Erscheinung der »Schattenschlange« während der Tagundnachtgleichen. Inzwischen lockt dieses Phänomen jedes Jahr Tausende von Besuchern an.

Adalberto überreichte mir einen glatten, braunen Stein, dessen elektrische Energie sofort meine Hände durchzuckte. Ich hörte eine Stimme wiederholt sagen: »Altes Maya-Ritual.« Damit niemand etwas von unserer Unterhaltung mithörte, erklärte Adalberto mir im Flüsterton, dass dieser Stein von den Pleijaden stamme, ebenso wie die Menschen der Gegend um Chichén Itzá. »Itzá steht in engem Kontakt mit den Pleijaden, und die Pleijaden scheinen jede Nacht auf Chichén Itzá.«

Adalberto war ein Born des Wissens. Er gab zu, dass seine Lehren umstritten seien, aber er meinte, sie beruhten auf den Erfahrungen all der Jahre, die er mit den Ruinen gelebt und in denen er sie untersucht hat. Er erklärte, dass die Energielinien, die »Leylines« unter dem Observatorium von Chichén Itzá Schlangenlinien sind (das bedeutet, dass sie in S-Form verlaufen statt gerade) und mit Ägypten in Verbindung stehen. Genauso wie ich glaubt Adalberto, dass die Weisheit der Mayas direkt von den Ägyptern und von Atlantis stammt.

Er hat es sich auch zur Aufgabe gemacht, die Annahme zu widerlegen, die Mayas hätten Menschenopfer und Köpfungen durchgeführt. Diese Gerüchte basieren auf Reliefs und Abbildungen auf Maya-Ruinen, auch aus Chichén Itzá. Adalberto hält diese Abbildungen für symbolisch.

»Eine Enthauptung bedeutet im spirituellen Sinne, Informationen nicht mehr im Kopf zu verarbeiten, sondern im Bauch und durch Intuition«, erklärte er.

Ivonne mischte sich ein und pflichtete Adalberto bei. »Es gab keine Morde in Chichén. Das waren alles symbolische Darstellungen des Göttlichen. Die Darstellungen von Herzen ohne Körper sind ein Zeichen dafür, dem Urgrund der Existenz sein Herz anzubieten. Die Abbildungen von Männern ohne Köpfe bedeuten, sie haben ihr Ego aufgegeben.«

Adalberto wies darauf hin, dass auch die Tierabbildungen in den Tempeln und Kunstwerken symbolisch zu verstehen sind. »Der Jaguar symbolisiert das Ego, der Adler das Herz und den Geist, und die Schlange ist das Symbol für Energie und Philosophie.«

9
Durch und durch geheilt

Am Weihnachtstag wütete ein schweres Unwetter über Südkalifornien. Ich saß in meinem Wohnzimmer und beobachtete, wie der Wind mit solcher Wucht durch die Bäume peitschte, dass ich um sie fürchtete. Dann hörte ich die Engel sagen: »Der Wind ist ein natürlicher Weg, um tote Blätter und Äste loszuwerden, genauso wie emotionale Stürme des Lebens den Menschen helfen, ›Totholz‹ und alles Unbrauchbare loszuwerden.«

Am nächsten Morgen erwachten Steven und ich bei klarem blauem Himmel. Der Sturm hatte den ganzen Smog weggeblasen, und alles funkelte wie neu.

»Schau mal!« Steven zeigte auf das Balkongeländer vor unserem Schlafzimmerfenster. Dort saß ein schwarzer, aufgeplusterter Vogel mit weißer Brust. »Er schaut uns an!«, rief Steven erstaunt. Tatsächlich, der Vogel schien uns ganz absichtsvoll anzusehen. Ich hatte seinesgleichen noch nie gesehen.

»Weiße Brust«, sagte Steven nachdenklich. »Was bedeutet die Farbe Weiß?«

»Schutz«, meinte ich und dachte über den Vogel und seine Botschaft nach. Ich verfolgte das Symbol der Brust. Ich hatte oft das Gefühl, bestimmte Menschen zu nähren und zu nähren, obwohl ich es nur aus Pflichtgefühl und widerwillig tat. Das war kein echtes Geben, was ich da tat – ich fütterte sie sozusagen mit saurer Milch. Ich war nicht so authentisch, wie der Erzengel Michael mir geraten hatte.

Im Stillen schwor ich den Engeln, damit aufzuhören. »Ich bitte darum, dass alle Auswirkungen meines fehlgeleiteten Denkens in alle Zeitrichtungen aufgelöst werden.« Ich vergab und bat um Vergebung von allen, die ich als bedrängend empfand. Ich helfe gerne Menschen, die freundlich um meine Hilfe bitten. Schwierig ist es mit jenen, die sich verhalten, als hätten sie ein Anrecht auf meine Unterstützung, und die dann unfreundlich werden, wenn ich Grenzen setze. Ihnen musste ich vergeben und sie loslassen.

»Ich ziehe jetzt nur noch freundliche, rücksichtsvolle Menschen in mein Leben«, bestätigte ich mir.

An jenem Abend gab mir die ayurvedische Ärztin Shannon Kennedy wieder eine Massage. Sie presste meinen Arm nach hinten, um mein Schultergelenk frei zu bekommen. Es tat ein bisschen weh.

Da sah ich ihn: Ein goldener, geflügelter Drache stand über meiner Schulter. Er hatte die Farbe eines Golden Retriever. Er fauchte Shannon drohend an und zeigte ihr seine langen Zähne. Er wollte mich schützen! Ich war diesem Geisttier noch nie zuvor begegnet.

Ich fragte ihn nach seinem Namen, und als er »Dino« sagte, musste ich lachen. Wie der Dinosaurier von den »Flintstones«! Er war einfach süß, wie ein schützender Haushund. Er hatte Shannon nur angefaucht, weil er meinte, dass sie mir wehtäte. Als ich ihm innerlich versicherte, dass es mir gut ginge und Shannon nur meine Muskeln lockern würde, zog er sich zurück.

War Dino schon immer da gewesen und zeigte sich mir erst jetzt, weil ich offener gegenüber Drachen geworden war? Oder war er ein neues Geistwesen, das zu meinem Schutz gekommen war, weil meine Arbeit immer weitere Kreise zog?

Während Shannon weiter an meiner Schulter arbeitete, betrat ein weiteres Geistwesen den Raum: Merlin, der keltische

Zauberer, der im Laufe der Jahrhunderte auch als Hermes, der große atlantische und griechische Heiler, und als der ägyptische Alchemist Toth aufgetreten ist.

Jetzt stand Merlin ganz als Zauberer vor mir und richtete seinen Zauberstab aus Rosenquarz auf meine Schulter. Licht und Energie strömten aus dem Stab, und ich spürte, wie mich Wärme durchflutete. Genau in diesem Augenblick fand mein Schultergelenk seine natürliche Position wieder und heilte, ohne mir weiter Beschwerden zu verursachen.

Der ungekürzte Kurs

Während meiner Reisen hatte mir jemand eine Ausgabe der Hugh-Lynn-Cayce-Version des Buches »Ein Kurs in Wundern« gegeben. Ich hatte mich mehrere Jahre lang mit dem »Kurs« beschäftigt und den Text sowie das Lehrbuch sicher ein Dutzend Mal durchgelesen.

Ich setzte mich daraufhin mit dem Herausgeber der Hugh-Lynn-Cayce-Version in Verbindung, die manchmal auch »Jesus Course in Miracles« genannt wird. Dort erfuhr ich, wie diese Version zustande gekommen war.

Die Schreiber des Kurses, Helen Schucman und Bill Thetford, hatten mit einem Lektor zusammengearbeitet, um das ungeheuer lange Werk (den sogenannten Urtext) zusammenzufassen. Sie hatten dabei auch alle persönlichen Kommentare, die sich auf Helen oder Bill bezogen, entfernt. Eine lektorierte Fassung wurde dann an Hugh Lynn Cayce geschickt, den Enkel des berühmten Mediums Edgar Cayce. Hugh stellte das Buch in die Bibliothek der Cayce Assoziation for Research and Enlightenment in Virginia Beach. Dort fand es jemand und begann, diese Version des Kurses zu verbreiten. Inzwischen war jedoch eine dritte, noch stärker gekürzte Version entstanden, die von Viking Press und der Foundation for Inner Peace veröffentlicht wurde, dies ist der »Kurs in Wundern«, der allgemein in Umlauf ist.

Durch seltsame Umstände erhielt ich jedoch auch eine Kopie des Urtextes, der originalen, ungekürzten Fassung des Kurses. Ich war natürlich gespannt darauf, aber der ungeheure Umfang des Textes (mehrere Hundert Seiten handgeschriebenen und schreibmaschinengeschriebenen Materials) war etwas überwältigend.

So hatte ich mir als Vorsatz für das neue Jahr vorgenommen, ihn nun zu lesen. Am Neujahrstag stellte ich also den Karton mit dem ungekürzten »Kurs in Wundern« neben mein Bett und begann zu lesen. Da mir sowohl die Standardversion als auch die Hugh-Lynn-Cayce-Version sehr vertraut waren, sprangen mir die Unterschiede sofort ins Auge.

Für jene, denen der »Kurs in Wundern« unbekannt ist: Helen Schucman empfing diesen Text in den Sechzigern und schrieb ihn auf. Das Buch besteht aus verschiedenen Abschnitten, von denen der umfangreichste der »Text« ist, in dem Jesus Helen hilft, ihren Geist von Angst, Wut und Schuldgefühlen zu befreien.

Viele Menschen haben darüber geklagt, dass der Standardtext des Kurses in Stakkato geschrieben sei. Mir ging es ähnlich. Die steife Sprache macht es schwer, ihn zu lesen, und ich konnte immer nur ein paar Seiten auf einmal verdauen.

Die Hugh-Lynn-Cayce-Version ist schon etwas mehr im erzählerischen Stil geschrieben und leichter zu lesen. Es werden auch weniger traditionelle christliche Begriffe verwendet. Am meisten hat mich überrascht, dass Jesus in seinem Diktat an Helen den Begriff »spirituelle Sicht« *(spiritual sight)* verwendet hatte. In der lektorierten Fassung steht an dieser Stelle immer »Heiliger Geist«. Ich glaube, dass Jesus in dem ursprünglichen Kurs mit dem Begriff »spirituelle Sicht« über unsere Fähigkeit sprach, uns von innen heraus vom Göttlichen führen zu lassen.

Doch den Urtext zu lesen, war noch einmal eine ganz andere Erfahrung. Es war, als würde man ein Gespräch mit Jesus lesen! Ich begriff, warum manches aus dem Urtext gestrichen worden war, denn es ging auch um sehr persönliche Themen. Aber andere Teile des Urtextes lasen sich wie die Schriftrollen vom Toten Meer oder andere geheime Heilige Schriften. Ich hatte das dringende Bedürfnis, diesen Text jedem zu zeigen, aber ich hatte unterschrieben, dass ich diese Version des Kurses nicht weitergeben würde. Umso mehr freue ich mich, zu sehen, dass der Urtext im Internet zum Herunterladen angeboten wird.

Mit Begeisterung las ich von Priesterinnen, Atlantis und Edgar Cayce. Ich sog auch Jesu Worte über den Ursprung der Zeit in mich auf. Er sagte, dass die Menschen die Zeit erschufen, als sie meinten, Gottes Vollkommenheit könnte und müsste verbessert werden. Dieses Bedürfnis nach Verbesserung erzeugte Vergangenheit, Gegenwart und Zukunft, denn nur so konnte man vergleichen, ob sich schon etwas verbessert hatte. Sobald wir erkennen, dass jetzt und hier alles vollkommen ist, brauchen wir keine Zeit mehr. Der größte Teil des ungekürzten Textes befasste sich damit, wie wir unsere Gedanken frei von Urteilen halten können und was der Sinn davon ist. Genauso wie in der lektorierten Fassung betont Jesus unsere Einheit miteinander. Wenn wir einander verurteilen, verurteilen wir eigentlich uns selbst. Mein egoistisches niederes Selbst ist der Ursprung all meiner Ängste und Urteile. Doch weil ich nicht die Verantwortung für meine Egotrips übernehmen will, projiziere ich sie auf mein Gegenüber. Alles, was ich an meinem Gegenüber verurteile, ist etwas in mir selbst, das ich nicht sehen will.

Ein Satz bewegte mich so sehr, dass ich ihn abschrieb und auf den Nachttisch stellte, damit ich vor dem Einschlafen darüber meditieren konnte.

> »Du kannst dir gar nicht vorstellen, welch enormes Loslassen
> und welch tiefer Frieden entstehen, wenn du dir selbst
> und deinem Nächsten ganz ohne jedes Verurteilen begegnest.«

Da jeder von uns ein vollkommenes Kind Gottes ist, sind unsere Urteile über einander eine bedeutungslose Zeitverschwendung, die uns nur unserer spirituellen Gaben und Kräfte beraubt. Ich schrieb in diesem Zusammenhang einen weiteren Satz heraus:

> »Um Wunder zu bewirken,
> muss die Macht des Denkens vollkommen verstanden
> und jegliche Fehlschöpfung vermieden werden.«

Fehlschöpfungen entstehen, wenn wir glauben, dass wir von Gott, der Liebe oder einander getrennt sind. Man muss wachsam sein, um einander stets als *eins* wahrzunehmen, doch damit gewinnen wir unsere wundersamen spirituellen Kräfte zurück.

Wie würde sich unser Leben verändern, wenn wir mit einer urteilsfreien Perspektive auf die Welt schauen würden? Bedeutet das auch, sich auf keinen Klatsch und Tratsch mehr einzulassen und keine Magazine wie »People« mehr zu lesen?

Ich dachte an den Unterschied zwischen Urteilen und Unterscheiden. Ein Beispiel für das Urteilen ist, wenn ich die Dinge in »gut« und »schlecht« einteile. Unterscheidung dagegen ist, wenn ich merke, ob ich mich zu einer Situation oder einer Person hingezogen fühle oder nicht. Unterscheidungsvermögen ist eine natürliche Fähigkeit, die auf dem Gesetz der Anziehung beruht.

Und mir wurde klar, dass ich mich selbst für mein Urteilen verurteilte! Ich hörte eine Stimme, die mir riet: »Schau liebevoll und mitfühlend darauf, dass du deine Ängste projizierst. Die Ängste sind unwirklich und unwichtig und deiner Zeit, Energie oder Aufmerksamkeit nicht wert. Sie sind wie ein schlechter Film, den du einmal gesehen hast. Lass sie los – vergiss sie!«

Der Abschnitt »Song of Prayer« aus dem Urtext erklärt, dass aus Schuldgefühlen Mangelgefühle entstehen. Wenn wir die Schuldgefühle loslassen, werden wir nie wieder Mangel erleben.

Heilung von Schuldgefühlen

Ich hatte mich ein paar Tage lang ganz in den Urtext vergraben, und mein Anrufbeantworter quoll fast über. Ich nahm mir also einen Vormittag lang Zeit, um Anrufe zu beantworten. Die Lektüre des »Kurses« machte mich besonders aufmerksam für meine Gedanken und Gefühle.

Nachdem ich mit drei verschiedenen Freunden telefoniert hatte, fühlte ich mich angespannt und unwohl. Jeder dieser Freunde hatte mir von seinen Problemen erzählt, mit all den dazugehörigen Sorgen, Ängsten und Befürchtungen.

Plötzlich wurde mir klar, dass mein Körper glaubte, die Schwierigkeiten meiner Freunde seien meine eigenen!

Mein Geist und mein Körper dachten, ich hätte Probleme, obwohl in meinem eigenen Leben alles in Ordnung war (und ist). Doch da ich *eins* bin mit meinen Freunden, ist es wichtig, dass ich auch deren Leben so sehe, dass alles in Ordnung ist. Ich kann mir ihre Ängste mitfühlend anhören, aber ich kann mich nicht auf ihre Sicht der Wirklichkeit einlassen. Wahre Heilung entsteht, wenn wir in uns und in den anderen nur die Wahrheit sehen. Diese Wahrheit löscht alle Irrtümer aus. Sobald wir jemanden verurteilen, sehen wir ihn als von uns getrennt.

Ich erkannte, welch hohen Preis ich dafür bezahle, über andere Menschen negativ zu denken. Es versetzt mich in die Getrenntheit, die im »Song of Prayer« als die Grundlage der Schuldgefühle beschrieben wird. Schuld ist die Ursache von Schmerz und leidvollen Erfahrungen. Also bete ich: »Bitte lasst mich die negativen Urteile erkennen, die ich über mich selbst und andere fälle. Der Preis ist zu hoch, um andere einfach so zu verurteilen.«

Im Urtext steht, das einzig sinnvolle Gebet sei jenes um Vergebung, denn es hebt den Schleier und wir können erkennen, dass wir bereits über alles verfügen, was wir brauchen oder wünschen. Vergebung ist das Gegengift für Schuldgefühle. Selbst wenn uns bereits vergeben wurde, müssen wir es doch erkennen und spüren, um dem Klammergriff der Schuldgefühle zu entkommen.

Ich dachte an die Schuldgefühle, mit denen ich und andere Heiler sich abmühen, wenn wir unseren Klienten und Freunden Grenzen setzen. Doch auch hier tröstete mich der Urtext. Jesus spricht dort über die Arbeit des berühmten Mediums Edgar Cayce. Er meint, Cayce habe geirrt, als er allen Anfragen um Hilfe nachgekommen sei. Er hätte mehr Nein sagen sollen und damit seinem Körper weniger Schaden zugefügt. Jesus fuhr fort, dass er selbst nicht jeder Anfrage nachgekommen sei, weil er auch sich selbst mit Liebe behandeln wollte. Er meinte, niemanden abzuweisen sei bei Cayce ein Ego-Problem gewesen, denn sein Ego ließ ihn glauben, er sei etwas Besonderes.

Das erleichterte mich enorm. Ich war immer davon ausgegangen, dass Jesus unbegrenzt allen geholfen hatte, und fühlte mich deshalb unweigerlich schuldig, wenn ich jemanden abwies. Ich seufzte tief vor Erleichterung, nachdem ich das gelesen hatte. Nein zu sagen, kann ein Ausdruck meiner Liebe zu mir selbst sein. Ohne Grenzen Ja zu sagen, war ein Ausdruck meines Ego, das davon überzeugt war, dass meine Hilfe etwas ganz Besonderes sei, das ich also niemandem verwehren könnte, und sei ich noch so erschöpft oder beschäftigt.

Ich habe zusammengefasst, was man sich laut Jesus vor einer Heilsitzung vergegenwärtigen sollte.

1. Erkenne die Bedeutung der Macht der Gedanken.
2. Wisse, dass alle an der Heilung Beteiligten gleich sind, auch Jesus.
3. Niemand ist Heiler, und niemand ist Patient. Vergiss diese Begriffe.
4. Sei dir gewiss, dass jeder gerne seine Denkfehler loswird.
5. Während einer Heilsitzung werden sich beide Beteiligten in das Bewusstsein der Liebe begeben, und dann geschieht Heilung.

Liebe in die Tat umsetzen

Ein Astrologe aus Sedona namens Sao hatte mir gesagt: »Aus deinem Horoskop wird deutlich, dass eine der Aufgaben deiner Seele darin besteht, das Mysterium von Mars und Venus zu meistern. Du solltest darüber meditieren. Bitte die Geister deiner Ahnen um Hilfe, um das Mysterium von Mars und Venus für dich und für andere zu erkennen.«

Bei Sonnenuntergang saßen Steven und ich auf unseren »Manifestationssteinen«. Dabei handelt es sich um eine Gruppe großer Granitblöcke, die in der Nähe von Mountain Street in Laguna Beach im Meer liegen. In diesen Steinen gibt es zwei natürlich geformte thronähnliche Sitze. Auf diesen Felsen hatte ich gesessen, als ich darum gebetet hatte, meinem Seelenpartner zu begegnen. Bald darauf wurde ich zu einem Yoga-Kurs geführt, bei dem ich meine Jugendliebe Steven wiederfand, mit dem ich jetzt verheiratet bin.

Während wir auf den Steinen saßen, bat ich meine Ahnen, Engel und Geistführer um Hilfe dabei, die Mysterien von Mars und Venus zu meistern. Als Stier hatte ich bereits Venus als Leitstern, und ich fühlte mich immer mit dem Morgen- beziehungsweise Abendstern eng verbunden. Mars würde mich lehren, einen Ausgleich zwischen den männlichen und weiblichen Energien zu finden.

Wie vielen anderen Menschen war mir klar, dass die Göttinnen-Energie genau zum richtigen Zeitpunkt wieder mehr in den Vordergrund trat. Wir haben mit einem Monopoly von patriarchalischen Führern experimentiert und dadurch übervölkerte Ballungsräume, Kriege und Umweltverschmutzung erschaffen. Im Gegensatz zu der Göttinnen-Bewegung der Achtziger- und Neunzigerjahre brauchen wir jedoch keine negativen Bilder des Männlichen mehr. Es bringt die Heilung des Planeten nicht weiter, die Männer zu verprügeln. Vielmehr brauchen wir ein Gleichgewicht zwischen maskuliner und femininer Energie, in dem Frauen in Führungspositionen selbstverständlich und respektvoll harmonisch mit Männern zusammenarbeiten und beide Geschlechter einander ehren wie in einer guten Ehe.

In jener Nacht erwachte ich von einem Traum über drei Halbedelsteine. Als ich erwachte, sprach eine Stimme den Namen eines grünen Steins namens Aventurin aus. Ich hatte das Gefühl, diesen Stein zu brauchen.

Meine Freundin Judith erklärte mir, Aventurin würde das göttliche Weibliche und das göttliche Männliche ausgleichen. Sie brachte mir einen wunderschönen, herzförmigen Aventurin, der mir bei dem Ausgleich zwischen den männlichen und weiblichen Kräften in mir helfen sollte. Er würde mich auch darin unterstützen, die Göttinnen-Arbeit mit einer positiven Haltung gegenüber Männern zu lehren.

Wenig später bekam ich zu diesem Thema noch eine Vertiefung von Ron Roth, einem Schriftsteller und früheren Priester, der für seine spirituellen Heilungen bekannt ist. Ron hielt meine Hand, und ein mächtiger Strom liebevoller Energie pulsierte direkt zu meinem Herzen.

»Ich bin davon überzeugt, dass wir auf der tiefsten Ebene nach der Essenz der Mutter suchen«, erklärte er, »nach dieser zutiefst nährenden Erfahrung des Göttlichen. Das Christentum hat diese Herzenserfahrung verloren. Sicher, wir haben wundervolle heilige Frauen gehabt, von Maria Magdalena über Hildegard von Bingen bis zu Mutter Teresa, und ich verehre sie alle sehr. Aber die Vergegenwärtigung des weiblichen Prinzips geht weit über das Geschlecht irgendeiner Person hinaus. Die authentische weibliche Essenz ist die ausgleichende Ur-Energie, die uns umhüllt und ermutigt, produktiv statt reaktiv zu leben. Sie lässt uns durch Türen der Schönheit vorwärtsschreiten, statt dass wir uns aggressiv unseren Weg durch Wände der Angst und Abwehr erzwingen. Die Traditionen des Westens unterscheiden sich da sehr von denen Indiens. Dort sind die alten

Lehren über das Weibliche nie degradiert worden. Die Hindulehrer blieben mit Mutter Kali in Verbindung, mit ihrer zwischen Wildheit und Sanftmut ausgleichenden Kraft, die uns auf unserer Reise durch Leben und Tod hilft. Unsere westlichen Traditionen wenden sich auch von einer direkten Erfahrung der machtvollsten und transformativsten Lebenskräfte ab, indem sie die Kraft des Weiblichen verleugnen. Es wird Zeit, dass wir das weibliche Gesicht des Göttlichen wieder beleben und als notwendig für unser innerstes Erwachen erkennen.«

Der Ruf der Kassiopeia

Steven und ich wurden nach St. Johns Island in die Karibik eingeladen. Da ich die Tropen und das warme Wasser liebe, sagte ich sofort zu. Die Unterbringung dort war einfach, für uns genauso wie für die Seminarteilnehmer, in Hütten am Strand.

An einem Abend hielt eine ortsansässige Astrologin einen Vortrag über die Sternenkonstellationen. Wir standen barfuß im weißen Sand, und die Wellen klatschten leise ans Ufer. Der Mond war fast voll. Sie zeigte uns, wie die Kassiopeia in der nördlichen Hemisphäre den Buchstaben M bildet. »Dieses M steht für Mutter, Meer und die Wasserwesen wie Meerjungfrauen«, erklärte sie. »In der südlichen Hemisphäre bildet die Kassiopeia den Buchstaben W wie in ›Weiblich‹.«

Ich sann darüber nach, wie eng in vielen Sprachen die Worte »Mutter« und »Meer« miteinander verwandt sind. Im Französischen heißt es »mère« und »mer«, im Italienischen und Spanischen »madre« und »mar«. Mara bedeutet auf Gälisch »aus dem Meer«, und viele Mädchen werden nach der Muttergöttin Maria benannt.

Ich hatte einen Teil des Urtextes des »Kurses in Wundern« mitgenommen, und sein flüssiger Erzählstil machte es mir leicht, ihn zu lesen – im Gegensatz zu dem kryptischen, Kopfschmerz erzeugenden Satzbau der Standardversion. Ich bin auch davon überzeugt, dass die christliche Terminologie und die männlichen Pronomen viele Menschen davon abhalten, die Standardfassung zu lesen. Auch ich assoziierte in gewisser Weise Christentum mit Leid, Verurteilungen und Verfolgung, obwohl ich wusste, dass es Jesus in seinen Lehren nur um Freude ging.

Für den Vollmond hatte ich eine Zeremonie geplant, in der die Teilnehmer alles loslassen konnten, was sie nicht mehr brauchten. Ich hatte mich die ganze Zeit gefragt, wie ich mehr von dem ungekürzten Kurs weitergeben könnte, und an diesem Abend hatte ich dazu Gelegenheit.

Mein Herz war ganz warm vor Liebe, als ich im Mondlicht auf die Teilnehmer schaute. »In Wahrheit braucht ihr überhaupt nichts loszulassen. So wie ihr seid, seid ihr bereits vollkommen, und an dem wahren Du, das *eins* ist mit dem Schöpfer, gibt es nichts zu heilen oder zu verändern. Doch in der Illusion, in der wir uns als getrennte Wesen wahrnehmen, erleben wir manchmal Chaos und Verwirrung. Und auf dieser Ebene mag es einiges geben – ein Verhalten, eine Gewohnheit oder eine Haltung –, was dich daran hindert, dich daran zu erinnern, wer du wirklich bist.«

10

Wie wir alles haben können, was wir uns wünschen

Als kleines Mädchen besuchte ich mit meinem Vater Newport Beach in Kalifornien und verliebte mich in die salzige Luft, den weiten Horizont, das Möwengeschrei und das Meer. »Eines Tages werde ich direkt am Strand wohnen«, verkündete ich. Ich vergaß diesen Schwur nie und mietete mich schon als Studentin oft in der Nähe von Wasser ein.

Aber mein großer Traum war immer noch, ein Haus am Strand zu haben. Steven wusste um diesen Traum, aber bevor wir ihn manifestieren konnten, mussten wir daran glauben, dass es möglich sei. Zuerst dachte ich, dass wir dabei gewisse Kompromisse eingehen müssten. »Vielleicht könnten wir uns ein Haus leisten, das nur eine Straße weiter landeinwärts steht?«, überlegte ich. »Wir könnten immer noch die Brandung hören, selbst wenn ein anderes Haus vor uns steht.«

»Warum sollten wir nicht genau das finden, was wir suchen?«, entgegnete Steven zu meiner Überraschung. »Wenn wir wirklich daran glauben, dass wir uns ein Haus am Meer kaufen können, dann wird es auch geschehen.«

Wir mussten all unsere Bedenken darüber loslassen, wie wir uns so etwas leisten könnten, und es stattdessen als Wirklichkeit betrachten. Alles, was ich in dieser Welt erreicht habe, geschah, wenn ich sämtliche »Wie« und »Warum« der unendlichen Weisheit des Himmels überließ. Meine Rolle bestand nur darin, die Vision aufrechtzuerhalten, sie dankbar als Wirklichkeit in mir zu spüren und dann den göttlichen Hinweisen zu folgen, die ich erhielt.

Steven und ich kreierten uns eine »Traumhaus-Tafel«. Wir klebten alle Bilder, die wir von ähnlichen Häusern fanden, auf ein großes Stück weiße Tapete und schrieben Sätze dazu wie »Leicht zu bezahlen« und »Wir unterschreiben heute den Vertrag«. Wir hängten diese Tafel in unser gemeinsames Büro, damit wir sie möglichst oft zu Gesicht bekamen. Jeden Morgen sprachen wir miteinander die Affirmation: »Danke, Schöpfer, für unser wunderschönes Strandhaus, das wir so lieben und uns gut leisten können.« Wir verbrachten Zeit damit, uns vorzustellen, wie wir in diesem Haus leben, und schrieben unsere Visionen detailliert auf. Diese Übungen trainierten unsere Glaubens-Muskeln und vertieften unser Vertrauen, dass unser Traum wahr werden würde.

Der nächste Schritt bestand darin, eine Maklerin anzurufen und sich Angebote anzusehen. Unsere Maklerin meinte, es gäbe zurzeit keine Häuser auf dem Markt, die unseren Kriterien entsprächen, aber ich vertraute zutiefst, dass das richtige Haus zum richtigen Zeitpunkt auftauchen würde.

Die Manifestation eines bezaubernden Lebens

Währenddessen war ich immer noch in das Studium des Urtextes vertieft. Ich konzentrierte mich auf die Abschnitte, in denen es darum geht, den Heiligen Geist um das zu bitten, was wir wollen. Im Kurs wird der Heilige Geist als das Bewusstsein definiert, das sowohl die reine spirituelle Wahrheit als auch die von uns Menschen erzeugten Illusionen erkennt. Der Heilige Geist ist die Brücke, über die wir von unserem Ego-Denken zu unserem – mit dem Schöpfer vereinten – Höheren Selbst übergehen können. Im Urtext heißt es, dass wir uns nicht darum sorgen sollen, dass wir den Heiligen Geist um etwas »Falsches« bitten oder dass wir uns etwas Verkehrtes wünschen könnten. Der Heilige Geist kann uns ohnehin nichts bringen, was einem egoistischen Bedürfnis entspringt, denn das Ego ist nicht wirklich. Das Ego und der Heilige Geist können überhaupt nicht miteinander kommunizieren. Unser Ego besteht nur aus unwirklichen Illusionen, die aus Angst entstanden sind. Unser wahres Selbst dagegen kann bitten, worum es will. Der Heilige Geist wird seine Wünsche erfüllen, denn das wahre Selbst mit all seinen Wünschen ist wirklich.

Wir können also um Freude, Frieden und Glück bitten, und der Heilige Geist wird sie uns bringen. In der Welt der Illusionen werden diese Energien und Emotionen dann automatisch glückliche Lebensumstände anziehen und manifestieren, mit all den Erfahrungen von Wohlstand, Liebe, Gesundheit und so weiter.

Wenn wir zum Beispiel um Freude bitten, dann wird diese Freude alles anziehen, was wir uns innerhalb der Illusionen wünschen könnten, zum Beispiel eine wunderbare Beziehung, beste Gesundheit oder gute Freunde. Wir können einfach denken: »Heiliger Geist, bringe mir …«, und um Frieden, Glück, Freude, Frohsinn, Stille, Gnade, Dankbarkeit, Vergebung oder Gelassenheit bitten. Da wir all diese Qualitäten bereits in uns tragen, braucht der Heilige Geist nur in unserem Verstand den »Schalter« umzulegen, damit wir erkennen, was wir bereits haben. Und eine fröhliche Person zieht alles an, was zu einem fröhlichen Leben dazugehört. Das ist mit einem »bezaubernden Leben« gemeint.

11
Mutter Maria

Meine Freundin und Engel-Therapeutin Chris Marmes hatte von Kelly Willis eine Kristall-Liege erstanden. Chris hatte damals meiner Sitzung mit Kelly beigewohnt, und ich hatte mich mit ihr sehr wohl gefühlt. Also buchte ich auch gerne eine Heilsitzung mit ihr. Wir wählten den 11. März, da die Elf bedeutet, unsere Gedanken auf unsere Wünsche zu richten statt auf unsere Ängste, und die Drei auf die Aufgestiegenen Meister hinweist.

Ich legte mich auf Chris' Massagetisch, und sie bedeckte mich freundlich mit einer weichen Decke. Es war, als würde ich von einer Göttin zu Bett gebracht. Ich entspannte mich. Chris' Präsenz war so sanft, dass ich kaum spürte, ob sie eigentlich da war. Meine Augen waren geschlossen, und ich war so entspannt, wie man nur sein kann, ohne einzuschlafen.

Plötzlich stand Mutter Maria vor mir. Sie hielt mir ein lebendiges, rosarot glühendes Herz hin und formulierte die Worte: »Hilf den Kindern. Du musst den Kindern helfen.« Sie erwähnte allerdings nicht, wie ich das tun sollte.

Ihre nächsten Worte waren: »Geh nach Lourdes.« Ich holte tief Luft. Lourdes ist eine berühmte Heilquelle in Frankreich. Ein vierzehnjähriges Mädchen namens Bernadette hatte dort eine Vision von Mutter Maria. Die göttliche Mutter wies die später heiliggesprochene Bernadette an, in der Nähe der Höhle, wo sie ihr erschienen war, ein Loch zu graben. Das Loch füllte sich schnell mit Wasser und wurde zu einem natürlichen Brunnen. Schon bald berichteten die Leute über Wunderheilungen mit diesem Wasser. Heutzutage wird Lourdes täglich von Tausenden von Menschen besucht.

Chris nickte wissend, als ich ihr von meiner Vision und von Marias Botschaft berichtete. »Es war auch für mich eine interessante Sitzung«, fügte sie hinzu. »Ich habe Anhaftungen an deinem Halschakra entfernt, die von Leuten stammten, die deine Stimme wollten oder eine persönliche Botschaft. Es gab auch Anhaftungen an deinem Solarplexus von Menschen, die deine Kraft wollten. Ich habe mit den Engeln gearbeitet und ein goldenes Schutzgitter um dich herum aufgebaut, wie ein goldenes Kettenhemd.«

Als ich mich ins Auto setzte, um nach Hause zu fahren, bemerkte ich, dass ich nicht präsent genug war, um Auto zu fahren. Ich blieb also zunächst stehen und konzentrierte mich auf die Bäume am Straßenrand, besonders auf ihre knorrigen Wurzeln, die sich in die Erde bohrten. Je mehr ich meine Aufmerksamkeit auf die Bäume richtete, desto geerdeter wurde ich.

Auf der Heimfahrt freute ich mich darauf, Steven von Mutter Marias Botschaft und unserer Reise nach Lourdes zu erzählen.

Bernadette

»Wohin fahren wir?«, fragte Steven erstaunt

»Nach Lourdes. Das liegt in Südfrankreich«, erklärte ich. »Wir fahren ja sowieso nach unserer England-Tour nach Paris.«

»Tut mir leid, Liebling, aber ich glaube, dieses Jahr wird das nichts«, erwiderte er. »Wir haben für Paris nur vier Tage Zeit, und wir sind zum ersten Mal dort. Wir können nicht noch in Frankreich herumreisen.«

»Aber Mutter Maria war sehr nachdrücklich«, gab ich zu bedenken. »Wir müssen da hin!« Wie immer kümmerte ich mich wenig darum, wie das alles vonstatten gehen sollte. Ich wusste, ich musste Lourdes besuchen.

Mir war klar, dass Steven mehr Informationen über Lourdes brauchte, also kaufte ich eine DVD mit dem Film »Das Lied von Bernadette« von 1943.

Am Ende des Films waren wir beide in Tränen, und Steven sagte: »Also gut, ich verstehe, warum du nach Lourdes willst. Aber hat das nicht Zeit bis nächstes Jahr? Dann können wir uns mehr Zeit dafür nehmen.«

Ich erinnerte mich an die Dringlichkeit von Marias Botschaft und meinte, ich wüsste zwar nicht warum, es müsste jedoch noch dieses Jahr sein.

Steven nickte, war aber immer noch nicht davon überzeugt, wie das alles klappen sollte.

Am nächsten Tag gingen Steven und ich zum Naturkostladen zum Einkaufen. Steven wollte noch zur Bank gehen, und ich fing schon mal an, Gemüse einzupacken, als mich eine ungefähr sechzigjährige Frau ansprach. Ich hatte sie nie zuvor gesehen.

»Sie sehen so gesund aus!«, meinte sie begeistert.

Ich dankte ihr.

»Können Sie mir vielleicht sagen, was ich gegen meine Erschöpfung tun kann?«, fuhr sie dann fort.

Zuerst dachte ich daran, ihr ein paar Vitamine zu empfehlen, doch dann wurde mir klar, dass ich ihr von den Engeln erzählen musste, die ihr bei ihrem Problem helfen könnten.

»Wie heißen Sie?«, fragte ich.

»Bernadette«, erwiderte sie.

Es war wie eine Begegnung der anderen Art. Das war mit Sicherheit ein Zeichen von St. Bernadette und Mutter Maria.

»Haben Sie schon einmal etwas vom Erzengel Michael gehört?«, fragte ich weiter.

»Nein, ich weiß nichts über Engel«, antwortete sie.

»Darf ich Ihnen eine Engel-Behandlung geben?«, fragte ich sie ungeachtet der Tatsache, dass wir uns mitten in einem lebhaften Laden befanden.

»Oh ja, gerne!«, freute sich Bernadette.

Ich sah lange ätherische Bänder aus ihrem Körper hervorgehen. Diese energetischen Anhaftungen bilden sich in Beziehungen, die auf Angst beruhen. Durch solche Bänder können uns andere Menschen Energie abziehen und negative Energie senden.

»Erzengel Michael, bitte durchtrenne alle ätherischen Bänder, durch die Bernadette Energie oder Lebenskraft verliert«, sagte ich. Bernadette erschauerte, als Michael die Bänder durchschnitt.

Dann schaute ich hellsichtig in Bernadettes Brust und sah dort Verstopfungen und Hindernisse. In meinen Kursen habe ich festgestellt, dass fast jeder in den Körper einer anderen Person schauen kann, wenn er einfach nur diese Absicht hat. Die meisten Menschen sind davon überzeugt, dass man nicht in den Körper eines anderen Menschen schauen kann, und versuchen es deshalb auch nie. Doch sobald sie ihre Aufmerksamkeit darauf richten und vor allem, wenn es der Heilung dient, stellen die meisten fest, dass es ganz leicht geht.

Ich beschrieb Bernadette, was ich sah. Sie nickte und berichtete, dass sie unter Asthma und Bronchitis leide. Also bat ich den Erzengel Raphael, Bernadettes Lungen und Atemorgane von allem zu reinigen, was sie am freien Atmen hinderte. Ich konnte sehen, wie ihr Atem sofort tiefer wurde und ihr Gesicht eine lebendigere Farbe annahm.

Bernadette dankte mir überschwänglich und fragte, womit ich denn meinen Lebensunterhalt verdiene.

Ich fasste kurz meine Arbeit mit den Engeln zusammen.

Sie bat um meine Telefonnummer. »Ich muss Sie wiedersehen!«, meinte sie.

»Nein«, erwiderte ich voller Vertrauen auf die Führung der Engel. »Die Engel werden Ihnen weiterhin helfen, jetzt wo Sie

sie in Ihr Leben eingeladen haben. Es geht bei dieser Arbeit um die Engel, nicht um mich.«

Ich umarmte Bernadette und sah dann Steven, der das Ganze aus dem Hintergrund geduldig beobachtet hatte. Als ich ihm den Namen der Frau sagte, machte er große Augen. Er ist auch sehr aufmerksam für die Zeichen des Universums.

»Ich habe übrigens gerade mit Selvain gesprochen (dem französischen Besitzer der Laguna Coffee Company). Er meinte, eine Reise nach Lourdes würde mindestens drei Tage dauern.«

Ich spürte die Gegenwart von Mutter Maria und Erzengel Michael hinter mir. Sie wussten, dass Steven sich bei der Sache mit Lourdes nicht so sicher war, und sie halfen uns beiden, indem sie uns Zeichen schickten. Stevens Haltung beeinträchtigte meine Freude und meinen Frieden nicht im Geringsten. Ich wusste in meinem Herzen, dass wir dieses Jahr irgendwie nach Lourdes kommen würden. Und außerdem freute ich mich darauf, am nächsten Tag nach Kona auf Hawaii zu fliegen, wo wir unseren Kurs für Engel-Therapeuten geben würden.

Mehr Zeichen von oben

Während ich auf Hawaii von unserem Hotelzimmer aus auf das Meer schaute, bestätigte ich noch einmal, dass wir ein Haus mit einem ähnlichen Blick besitzen würden. Ich konzentrierte mich auf meinen Bauch, bis er sich in das warme Gefühl entspannte, das aus dem ruhigen, festen Vertrauen entsteht, dass etwas geschehen wird. Ich hatte gelernt, dass dieses wunderbare, warme Gefühl der Entspannung ein wichtiger Bestandteil der Manifestation ist. Wenn ich die Wirklichkeit eines Traums so spüren konnte, dann war seine Verwirklichung unvermeidbar.

Nach unserem langen Flug hatten Steven und ich das Bedürfnis, uns zu bewegen. Wir entschlossen uns, zuerst in den Fitnessraum des Hotels zu gehen und danach ins Meer zu springen.

Als wir uns in dem Fitnessbereich anmeldeten, schaute ich erstaunt auf das Namensschild der jungen Frau am Tresen. »Sie heißen Bernadette?«, fragte ich überrascht.

»Ja«, bestätigte sie. »Ein ziemlich ungewöhnlicher Name hier auf Hawaii, erst recht für Frauen meines Alters.«

Als wir in den Übungsraum gingen, meinte Steven: »Also gut, das war wohl mehr als ein Zufall. Ich weiß zwar immer noch nicht, woher wir die Zeit nehmen sollen, dieses Jahr nach Lourdes zu fahren, aber diese Zeichen lassen mich auf jeden Fall offener dafür sein.«

Ich küsste meinen Mann auf die Wange und war dankbar, dass er so aufmerksam ist für die universellen Energien.

Nach unserem Training gingen wir schwimmen. Als die Sonne sich dem Horizont zuneigte, schwammen wir wieder Richtung Strand. »Schau mal dort!«, rief Steven mir zu. In der Nähe des Strandes fraß eine Meeresschildkröte an den Algen. Ich watete zu ihr hin und sagte zärtlich: »Hallo, meine Liebe!« Es war wie ein Wiedersehen mit einer alten Freundin.

Die Meeresschildkröte schwamm direkt auf mich zu und streckte ihren Kopf aus dem Wasser. Ich hockte mich hin, sodass mein Kopf auf einer Höhe mit ihr war, und sie legte ihren Mund direkt auf meinen! Ein eindeutiger Kuss! Ihr warmherziger Gruß ließ mein Herz vor Freude hüpfen. Dann kam sie noch näher und legte ihre Vorderflossen auf meine Schultern. Jetzt umarmten wir uns auch noch! Ich streichelte liebevoll ihre Brust. Es fühlte sich genauso an wie ein zärtlicher Austausch mit einem vertrauten Haushund oder einer Katze.

Nachdem die Schildkröte und ich uns voneinander verabschiedet hatten, meinte Steven: »Sie hat dich ganz gezielt angesteuert für diesen Kuss. So wirkte es zumindest auf mich. Wenn sich ein Tier derart ungewöhnlich benimmt, muss man dieses Zeichen beachten. Wie alle Meeresschildkröten hatte sie 13 Vierecke auf ihrem Rücken. Sie repräsentiert die Göttin, vor allem Mutter Erde, die dich durch sie gegrüßt hat.«

Die Engel-Therapie-Ausbildung

Es war jetzt Mitte März, und die meisten Teilnehmer des Trainings hatte ich seit der Harmonischen Konkordanz im November nicht wiedergesehen. Damals hatte mir Erzengel Michael die Anweisungen gegeben, durch die ich 40 Pfund Gewicht verloren hatte. Alle waren also sehr erstaunt darüber, wie dünn ich geworden war. Auch Gary Wiler, ein Seminarteilnehmer, hatte stark abgenommen.

Als ich ihn fragte, wie es dazu gekommen sei, erklärte er, dass er eine ähnliche Diät einhalte wie ich. Aber Gary sah geradezu mager aus. Er wirkte blass, ausgemergelt und gebrechlich. Ich mochte Gary und wollte, dass es ihm gut ging, auch weil uns eine intensive Woche bevorstand.

Am ersten Morgen des Seminars ließ ich die Teilnehmer sich paarweise einander gegenübersetzen und sich an den Händen halten. »Schließt eure Augen und atmet ein paarmal tief durch«, forderte ich sie freundlich auf. »Und jetzt stellt euch vor, dass ihr den Engel eures Partners sehen könnt. Was glaubt ihr, wie dieser Engel wohl aussieht?«

Ich ließ ihnen etwas Zeit, um sich auf den Engel ihres Partners einzustimmen. Dabei sollten sie sich keine Gedanken machen, ob sie sich das gerade nur ausgedacht hatten oder nicht. Kinder sehen Engel deswegen so leicht, weil sie sich nicht darum kümmern, ob sie Fantasie sind oder nicht. Im Laufe unseres Älterwerdens entstehen solche Zweifel, und unsere spirituelle Sehfähigkeit wird gedämpft.

»Stellt dem Engel eures Partners im Stillen die Frage: ›Was möchtest du mir über meinen Partner mitteilen?‹ Und achtet darauf, welche Gefühle, Gedanken, Visionen oder Worte in euch entstehen. Dann fragt: ›Welche Botschaft soll ich meinem Partner von dir übermitteln?‹ Und achtet wieder auf eure Eindrücke.«

Als Nächstes forderte ich die Teilnehmer auf, sich den Bereich um den Kopf und die Schultern ihres Partners innerlich genau daraufhin anzusehen, ob da noch andere Engel oder Verstorbene sind. »Achtet bei diesen Wesen auf deutliche Charakteristika!«, fügte ich hinzu.

»Und jetzt kommt der wichtigste Teil des Engel-Readings«, fuhr ich fort. »Erzählt eurem Partner alles, was ihr in Bezug auf die Engel und ihre Botschaften gesehen, gefühlt, gedacht oder gehört habt. Erzählt alles, auch wenn ihr euch eurer Sache nicht sicher seid. Denkt daran, dass die Engel immer in liebevollen Worten sprechen. Also tauscht euch jetzt aus und haltet nichts zurück.«

An den Gesichtsausdrücken und Gesten der Teilnehmer konnte ich erkennen, dass sie erfolgreich waren. Nach dem Austausch teilten ein paar Teilnehmer ihre beeindruckenden Erfahrungen der Gruppe mit. Die meisten hatten über ihre Partner Dinge erfahren, die sie nicht hätten wissen können.

Ich erzählte davon, wie unser Ego unseren medialen Fähigkeiten im Weg stehen kann. »Jeder von euch hat genau wie jeder andere Mensch eine wichtige Lebensaufgabe. Eure innere Führung wird euch Schritt für Schritt dahin leiten. Das Einzige, was euch aufhalten kann, ist die Angst. Wenn ihr euch zum Beispiel zu sehr bemüht, die Engel zu hören, wird euch diese innere Anspannung blockieren. Die Angst dahinter lautet: ›Und wenn ich die Engel nicht hören kann?‹ Nun, jedes Mal, wenn ihr euch ängstigt, seid ihr in eurem Ego. Das trifft für alle von uns zu, denn jeder von uns hat ein Ego. Und das Ego ist überhaupt nicht medial. Unser wahres Selbst dagegen, jener Teil von uns, der natürlicherweise furchtlos ist, weil er sich *eins* weiß mit Gott, ist in jedem Augenblick hundertprozentig medial. Wir können uns von unserem Ego fernhalten, indem wir uns auf das Dienen konzentrieren. Sobald ihr ganz darauf ausgerichtet seid, jemand anderem zu helfen, kümmert ihr euch nicht so sehr um euch selbst und geht nicht ins Ego. Die Engel haben mir das einmal gesagt: ›Wenn du nervös wirst, fokussiere dich aufs Dienen.‹ Das Ego will dir vermitteln, dass du nur ein

Angeber bist, ein Scharlatan. Wir nennen es das ›Schwindler-Phänomen‹. Dein Ego will, dass du dich ängstigst, denn das gibt ihm Kraft. Es will nicht, dass du dich erinnerst oder deine Lebensaufgabe erfüllst, denn es will, dass du und alle anderen sich weiter fürchten. Doch das Ego ist eine unwirkliche Illusion, wie eine dunkle Wolke, die versucht, das Licht zu verbergen. Meiner Erfahrung nach ist die Angst umso größer, je größer die Lebensaufgabe eines Menschen ist. Wenn deine Seele sich vorgenommen hat, vielen Menschen zu helfen, wird sich dein Ego mächtig wehren. Deswegen rate ich euch, euch an den Satz der Engel zu erinnern: ›Wenn du nervös wirst, fokussiere dich aufs Dienen.‹ Wenn deine Absicht darauf gerichtet ist, anderen zu helfen, wird die Stimme des Ego gedämpft.«

Am vierten Abend des Seminars führte Steven die Teilnehmer durch eine Zeremonie am Strand. Die Teilnehmer hatten Botschaften von Erzengel Michael gechannelt und Antworten auf die Frage erhalten: »Was muss ich loslassen, um ganz meinen Weg zu gehen und meine Aufgabe zu erfüllen?« Sie hatten diese Botschaft dann in ein Naturobjekt wie eine Muschel oder einen Stein hineingegeben. Diese Übertragung geschah in der Nacht, während alle schliefen, einfach indem vorher die Absicht gesetzt wurde.

Die Zeremonie erreichte ihren Höhepunkt, als alle ihr Objekt in den Händen hielten, noch einmal darüber meditierten, was sie da losließen, und es dann ins Meer warfen. Natürlich hatten wir das Meer zuerst um Erlaubnis gebeten.

Mitten während der Zeremonie flog eine weiße Eule über uns hinweg. In Hawaii gelten weiße Eulen als Pueo oder Aumakua Geistwesen, die kraftvolle Botschaften übermitteln. Ihr Auftauchen kann auch einen Tod ankündigen. Am nächsten Tag sprachen wir über die Eule. Die meisten Teilnehmer hatten das Gefühl, dass die Eule ein Bote der Geisterwelt war, wie ein Todesengel, ein Zeichen für den Übergang.

Die Macht der Göttin

Zu jedem Seminar über Engel-Therapie gehört auch ein Göttinnenkreis der weiblichen Teilnehmerinnen. Gleichzeitig hält Steven eine Versammlung der Männer ab. Diese Zeit ist für beide Geschlechter sehr wertvoll. Nur mit Menschen des eigenen Geschlechts in einer Gruppe zusammen zu sitzen, hat eine besondere Kraft, die es uns erlaubt, uns freier auszutauschen.

Wir Frauen saßen im Kreis, und ich erklärte den »Power-Prozess«, der die erste Hälfte unseres Göttinnen-Treffens ausmachen würde. Ich stellte mich in die Mitte und stellte mein drahtloses Mikrofon vor. »Hallo, das ist Mike.«

»Hallo Mike!«, antworteten alle fröhlich.

»Mike ist ein Werkzeug für Lichtarbeiterinnen. Es hilft ihnen, ihre Botschaften zu verbreiten und damit auch ihr Licht und ihre Liebe. Viele Leute lassen sich von Mike einschüchtern, aber wir brauchen mehr Lichtarbeiterinnen, die sich mit ihm wohlfühlen. Jene Leute, die mit niederen Energien arbeiten, haben weiß Gott weniger Probleme mit Mike. Sie scheuen sich nicht, ihre Botschaften der Angst mit seiner Hilfe über Radio und Fernsehen zu verbreiten.«

Alle in der Gruppe nickten zustimmend.

»Ich möchte einigen von euch jetzt Gelegenheit geben, etwas Neues zu wagen und euch mit Mike vertraut zu machen. In diesem Power-Prozess wird sich jeweils eine von euch in die Mitte stellen und in Mike hineinsprechen. Ich möchte, dass ihr etwas über ›Power‹ (Macht, Kraft) erzählt. Es kann eine Geschichte davon sein, wie ihr eure Kraft wiedergewonnen habt, oder etwas über eure Angst vor Macht oder etwas, von dem wir alle lernen können. Ihr könnt sagen, was ihr wollt, solange es mit Power zu tun hat. Ich möchte hiermit vor allem die Frauen auffordern, die normalerweise schüchtern sind und sich in Gruppen nicht zu Wort melden. Wenn eine von euch fertig gesprochen hat, gibt sie Mike an eine andere weiter, die normalerweise nicht viel sagt. Und bitte, meine Damen, keine psychischen Attacken gegen die Frau, die euch Mike reichen will! Wer möchte anfangen?«

Nach einer langen Pause stand die erste Frau auf und erzählte, dass sie in dem Glauben aufgewachsen sei, Frauen hätten hübsch zu sein und sonst nichts. Durch die Herausforderungen des Lebens hatte sie persönliche Kraft gewonnen. Sie stand vor der Entscheidung, stärker zu werden oder unterzugehen.

Wir applaudierten ihr zu ihrem Mut, und sie gab das Mikrofon weiter. Eine Stunde lang ging das so weiter, mit vielen Tränen, Gelächter und Applaus. Hinterher fühlten sich alle erleichtert und inspiriert.

Dann kam der zweite Teil unseres Frauenkreises: der Schleiertanz der Göttinnen. Wir tanzten, und jede Frau hatte einen langen, leuchtenden Seidenschal. Nach und nach rief ich die Göttinnen herbei.

Als Erstes rief ich Pele, die hawaiianische Göttin der Leidenschaft und der Vulkane. Spontan tanzten alle Frauen schneller, wie bei einem Eingeborenentanz. Sie jauchzten und brüllten mit Peles Feuerenergie.

Als Nächstes rief ich Brigit herbei, die keltische Göttin des Schutzes und der Heilung. Das Tanzen, Trommeln und Singen passte sich Brigits geheimnisvoller Energie an. Ich konnte fast den Nebel sehen, der aus dem alten Irland zu uns herüberwehte.

Dann rief ich die Meeresgöttin Sedna herbei, die von den Inuit als die Göttin der Sommerernte und der Wintervorräte verehrt wird. Die ganze Gruppe wogte mit ihren Schals wie Wellen, Meerjungfrauen und Delfine.

Und ich rief Mutter Maria an. Viele der Frauen wurden dabei ganz still, legten sich den Schal um den Kopf und schwangen sanft hin und her. Ich staunte, wie harmonisch sich unsere Bewegungen unter dem Einfluss jeder Göttin veränderten.

Zuletzt rief ich Kuan Yin herbei, die buddhistische Göttin des Mitgefühls, der Güte und der Vergebung. »Bittet Kuan Yin, euch zu helfen, euch selbst zu vergeben und mitfühlend und gütig mit euch selbst umzugehen«, schlug ich vor.

Viele der Frauen legten eine Hand auf ihr Herz, um die Heilung zu verankern, die uns allen widerfuhr.

Zum Abschluss versammelten wir uns wieder im Kreis. Wir standen Seite an Seite und verschränkten die kleinen Finger miteinander zu einer wunderschönen, starken Göttinnen-Kette. Wir erhoben die Arme über den Kopf und erklärten zusammen: »Göttinnen, für immer vereint!«

Eine Frau aus der Gruppe meinte: »Wenn die Frauen ihre Kraft annehmen, können die Männer ihre Herzen öffnen.«

Wir alle stimmten begeistert zu.

12
Im Ozean

Als Abschlussfeier des Seminars mieteten wir ein Boot, um mit den Delfinen im Meer zu schwimmen. Als wir aus dem Hafen von Kona ausliefen, sprang eine Gruppe dieser wunderbaren Wesen direkt vor uns her und genoss ihr Spiel.

Die Delfine von Hawaii sind die aktivsten und ausdrucksstärksten, die ich je getroffen habe. Vielleicht liegt es an ihrem ständigen Lächeln, ihrem In-die-Luft-Springen oder ihrer Art, auf den Wellen zu gleiten – hawaiianische Delfine können uns jedenfalls viel über ein spielerisches Leben beibringen.

Als wir an den Delfinen vorbei aufs offene Meer fuhren, sah ich einen Kranz weißer Blüten auf dem Wasser treiben. Wahrscheinlich waren sie ein Gedenken an einen Toten.

Wir ankerten in einer Bucht und sprangen in das warme Meerwasser. Schon bald gesellte sich eine Gruppe Delfine zu uns. Einige von uns schwammen auf die Delfine zu, die neben und unter uns flink durch das türkise Wasser glitten. Wir schienen mühelos mit ihrer Geschwindigkeit mithalten zu können. Ob die Delfine uns auf einem Energiestrahl mitzogen?

Nach einer Stunde kletterten wir alle wieder auf das Deck, gerade rechtzeitig, um einen Buckelwal mit seinem Jungen an uns vorbeischwimmen zu sehen. Der Kapitän Jeff hatte ein spezielles Unterwassermikrofon dabei, mit dem er die Geräusche der Wale für uns hörbar machen konnte. Und tatsächlich, wir konnten die Mutter und ihr Kind diese einzigartigen Wallieder singen hören.

Der Himmel bewölkte sich, also zogen wir weiter Richtung Norden, wo es warm und klar war. Als ich an unserem neuen Ankerplatz ins Wasser tauchte, war ich ganz gefesselt von den starken Sonnenstrahlen, die durch das Wasser tanzten. Die Lichtstreifen zogen sich von der Wasseroberfläche bis zu dem weißen Sand unter mir. Ich schaute durch meine Taucherbrille fasziniert zu. Ich fühlte mich wie in dem Lichttunnel, der in Nahtoderfahrungen beschrieben wird. Es schien, als würde er mich nach unten in den Sand ziehen, aber das war eine Illusion, denn ich trieb weiterhin fröhlich an der Oberfläche dahin. Dann bemerkte ich, dass dieses zauberhafte türkise Lichtspektakel mein Drittes Auge öffnete und reinigte!

Da ich unbemerkt weit vom Boot weggetrieben war, kam Lynette, um mich zurückzuholen. Ich zeigte ihr, was ich unter Wasser sah, und wir wurden beide wieder völlig von dem schimmernden Tunnel weißen Lichts absorbiert. Noch jemand wurde nach uns ausgeschickt, und ihr erging es genauso, als wir ihr den herrlichen Anblick zeigten. Schließlich brüllte Kapitän Jeff über das Wasser, und wir kehrten wieder in unser Normalbewusstsein zurück.

Während wir zum Boot zurückschwammen, tauschten Lynette und ich uns über Gary aus, der heute nicht mitgekommen war. Auf unsere besorgten Fragen hin hatte Gary schon vor einigen Tagen zugegeben, dass er nicht durch eine Diät so abgenommen hatte, sondern dass er todkrank war und hier nach Hawaii gekommen war, um zu sterben, nachdem er sechzehn Jahre lang mit der Krankheit gerungen hatte. Er wollte seinen letzten Tagen eine Bedeutung geben, indem er sie damit verbrachte, in unserem Engel-Seminar anderen zu helfen. Er war mit seiner Entscheidung im Frieden.

Ich dachte wieder an den Blütenkranz, den ich an diesem Morgen auf dem Meer gesehen hatte. »Ich hatte das Gefühl, dass dieser Kranz einem Toten galt«, gestand ich Lynette, »und ich wollte nicht wahrhaben, dass er Garys Tod ankündigte.«

»Mir ging es genauso«, erwiderte sie traurig und schaute auf den Horizont, wo Wale ihre Wasserfontänen steigen ließen und abtauchend ihre Schwanzflosse in die Luft reckten.

»Also hat uns die weiße Eule doch einen Tod angekündigt«, dachte ich laut vor mich hin. »Vielleicht war die Eule ein Engel, der uns etwas über Gary mitteilen wollte.«

Anfang und Ende

Nach unserem Bootsausflug versammelten wir uns alle in dem Haus von Angie und ihrem Mann Duke, um uns zu duschen und für die Zeremonie anzukleiden, die für diesen Abend geplant war. Angie und Duke wollten ihr Eheversprechen erneuern, und Steven und ich waren ihre Pfarrer. Steven und ich hatten schon ein Paar miteinander verheiratet, und Steven selbst hatte schon viele Paare vermählt, aber dies war unsere erste Zeremonie zur Erneuerung eines Eheversprechens.

Alle legten schöne »Aloha«-Kleidung an, und Angie überreichte uns Lei-Ketten und Kopfschmuck aus Palmenblättern. Als Angie mich mit allem ausgestattet hatte, fühlte ich mich wie eine Huna-Priesterin.

In einem Park am Strand bildeten Angie, Duke, ihre Töchter, Steven, die Seminarteilnehmer, ein paar Freunde von der Insel und ich einen Kreis. Die weiblichen Teilnehmer standen auf der Meerseite des Kreises und die männlichen auf der Bergseite, um die männlichen und weiblichen Energien des Meeres und der Berge zu symbolisieren. Nacheinander sprach jeder für das Paar einen Segen aus, während die untergehende Sonne die Wolken in herrlichen Farben erleuchtete.

Von einer anderen Zeremonie näher am Strand wehten Worte zu uns herüber. Wir schauten genauer hin und sahen einen Mann, der einen Säugling der Sonne entgegenhielt, während eine Gruppe von Menschen um ihn herum einen Kreis bildete.

»Eine Kindstaufe!«, rief Steven erfreut.

»Wie wunderbar, diese Gleichzeitigkeit der Erneuerung von Angies und Dukes Eheversprechen und der Geburt eines neuen Kindes«, stimmte ich zu.

Die Synchronizität war fast zu vollkommen, als wir später erfuhren, dass Gary an diesem Tag gestorben war. Sein Tod hatte zur gleichen Zeit stattgefunden wie die Hochzeit und die Taufe, womit sich der Kreis des Lebens vervollständigte. Gary hatte nicht aufs Festland zurückkehren wollen. Seine letzten Tage wollte er auf Hawaii mit seiner spirituellen Familie verbringen.

Ich dachte an die Hindu-Göttin Kali, die so oft missverstanden und gefürchtet wird. Viele betrachten sie als einen grausamen, mächtigen Geist mit vernichtenden Wutanfällen. Mir hat sie jedoch gezeigt, dass sie mit großer Liebe und Weisheit die Zyklen des Lebens hütet, Anfang und Ende, Frühling und Sommer, Geburt und Tod. Der Tod ist genauso wenig eine Strafe, wie die Geburt eine Belohnung ist.

Wenn wir einen Verlust erfahren, fragen wir natürlich nach dem Warum. Wir wollen die Ursache verstehen, damit uns das nicht wieder passiert, aber unser Normalbewusstsein funktioniert nur in drei Dimensionen, innerhalb der Grenzen von Raum und Zeit. Deshalb begreifen wir nicht die vierdimensionale Realität, in der wir leben und in der es weder Raum noch Zeit gibt. Die Ursachen und Gründe für Anfänge und Enden liegen in dieser Vierdimensionalität und entziehen sich daher unserer Logik.

Manchmal werden uns in Träumen tiefgründige Wahrheiten vermittelt, und wir nehmen uns fest vor, uns beim Aufwachen an alles zu erinnern. Doch am nächsten Morgen ist nichts mehr davon nachvollziehbar, weil diese Lehren auf einer Grenzenlosigkeit beruhen, die mit unserer Überzeugung von den Grenzen von Raum und Zeit nicht vereinbar sind. Doch in unserem Unterbewusstsein wissen wir alles noch, und es hilft uns auf einer unbewussten Ebene.

Vielleicht begreifen wir nicht den großen Plan hinter Tod, Geburt und den Zyklen des Lebens, aber ich glaube, dass alles seine göttliche Ordnung hat, selbst wenn sie sich unserem jetzigen Begriffsvermögen entzieht.

Ich erinnerte mich an Manuels Worte in Chichén Itzá. »Die Mayas glauben an die Dualität«, hatte er erklärt. »An Positiv und Negativ, Tod und Geburt.« Tod gelte jedoch nicht als etwas Negatives im westlichen Sinne. »Negativ« bedeute einfach Ende und »positiv« bedeute Anfang.

Noch ahnte ich nicht, dass ich selbst mitten in einem neuen Anfang steckte ...

13
Die Meeres-Menschen

Am nächsten Morgen frühstückten Steven und ich mit Lisa und David Weiss, die auch zu unseren Assistenten gehörten. Während unseres Ausflugs am Vortag hatte Lisa eine Bemerkung über inkarnierte Meeres-Menschen gemacht, die mich aufhorchen ließ.

In verschiedenen meiner Bücher habe ich Meerjungfrauen erwähnt, die eine menschliche Gestalt annahmen. Aber ich spürte, dass es noch mehr dazu zu sagen gab. Ich hatte eine formelle Studie zu dem Thema begonnen und angefangen, Interviews zu führen.

Lisa hat langes, fließendes, rotes Haar, grüne Augen und ein hinreißendes Lächeln. Sie erzählte, dass ihr Interesse an diesem Thema begann, als sie während ihres Studiums mit Meeressäugern arbeitete. »Ich träumte immer wieder von Menschen, die ohne Atem zu holen unter Wasser schwimmen konnten«, berichtete sie. »Und dann hatte ich einen luziden Traum, in dem ich ein Tuch ausgrub, welches dem Grabtuch von Turin ähnelte, nur dass auf diesem Tuch der Abdruck eines Delfins in leuchtendem Blau schimmerte. Ich hörte einen sehr hohen Ton, der aus dem Abdruck kam, und es folgten Tausende von nicht unterscheidbaren Stimmen, die mir Informationen zu übermitteln schienen. Dann wurde der Delfin auf dem Tuch lebendig und erzählte mir, dass sie einst mit den Menschen auf dem Land gelebt hätten. Seine Art hätte den Menschen sogar ähnlich gesehen, aber als die Menschen begannen, ihre Macht zu missbrauchen und die Umwelt zu schädigen, hätten sie ihre Gestalt verändert und sich ins Meer zurückgezogen. Sie glaubten, dass sie auf diese Weise abwarten könnten, bis die Menschen wieder friedlicher und umweltbewusster werden würden. Der Delfin sah mich an und sagte: ›Und jetzt ist es Zeit. Wir kommen zurück und übernehmen die Welt.‹«

Das geschah 1988. Lisa hatte zu jener Zeit noch keinerlei New-Age-Bücher gelesen und wusste nichts von Atlantis. Ihr Verständnis von Delfinen war sehr linkshirnig. Der Traum erschreckte sie ein wenig, und sie begann, sich intensiver zu informieren. »Inzwischen sehe ich den Traum sehr positiv«, meinte sie. »Und ich habe seit jener Zeit so viele Zeichen für die Rückkehr der Delfine gefunden!«

Sie tippte auf ihre linke Wange und sagte: »Dies ist eines der Zeichen.« Sie hatte das klare, zartviolette Abbild eines springenden Delfins auf ihrer Wange, nicht als Leberfleck oder als Tätowierung, sondern eher wie einen zarten Rotweinfleck. »An dem Morgen nach dem Traum war es plötzlich da«, erklärte sie.

Unter anderem hatte sie Rückführungen in vergangene Leben mitgemacht. »Als die Hypnotherapeutin mich durch das Tor in mein vergangenes Leben führte, fiel ich ins Wasser. Die Hypnotherapeutin forderte mich auf, mir meine Füße anzuschauen und zu sagen, was für Schuhe ich anhätte. Nun, ich hatte keine Füße – ich hatte eine Schwanzflosse!«

Lisa hatte sich noch zwei Mal rückführen lassen, jedes Mal mit dem gleichen Ergebnis. Ein Medium, das nichts von Lisas Traum oder ihren Rückführungserfahrungen wusste, sagte ihr, sie sei in einem vergangenen Leben ein Delfin gewesen.

Später am Tag schwammen Steven und ich in Keauhou Bay südlich von Kona. Während ich mich mit einer Gruppe Delfine vergnügte, bewunderte ich die Ähnlichkeit zwischen unseren Körpern und ihren. Ich dachte auch an Shannon Kennedys Hinweis auf die wissenschaftliche Studie, der zufolge unser Körper dem einer Seekuh näher verwandt ist als dem eines Schimpansen. Waren die Delfine unsere Ahnen? Ich wollte zu Hause mehr darüber herausfinden.

Während ich die Delfine beobachtete, sah ich dreieckige, neonfarbene geometrische Strukturen um sie herum. Um jeden Delfin gab es solch dreieckige Strukturen, die sich mit ihm bewegten. Die meisten dieser Energieformen waren elektrisch blau, manche jedoch auch rot, rosa oder gelb.

Ich fragte mich, ob diese Strukturen wohl zu dem Sonarsystem der Delfine gehörten. Der alte griechische Philosoph Plato hatte schon herausgefunden, dass alles im Universum aus fünf grundlegenden geometrischen Körpern aufgebaut ist, und jeder dieser geometrischen Körper besteht aus Dreiecken.

Ob auch die Pyramiden in Ägypten, Atlantis und bei den Mayas an diese Formen angelehnt waren? Hatten die Delfine eine Verbindung mit den Pyramiden? Ich wollte unbedingt mehr darüber erfahren.

Als ich in jener Nacht einschlief, sah ich Gary in seiner neuen Heimat in der geistigen Welt. Er strahlte mich glücklich an und sagte, es gäbe dort so viel mehr, als ich je beschrieben hätte. Er befand sich in einer Pyramide schimmernden Lichts, welches sich bewegte wie sich kräuselndes Wasser. Es erinnerte mich an die pyramidenförmigen Lichtstrukturen, die ich um die Delfine wahrgenommen hatte.

Das grüne Leuchten

Am folgenden Abend saßen Steven und ich am Strand, um den Sonnenuntergang zu beobachten. Schon seit Langem hofften wir, eines Tages das berühmte »grüne Leuchten« zu sehen, bei dem während des Sonnenuntergangs plötzlich ein strahlend grünes

Licht auftritt. Man sagt, wenn man das grüne Leuchten sähe, würde man in das Reich der Feen eingelassen. Nun, wir hatten uns bereits Hunderte von Sonnenuntergängen über dem Meer angesehen und noch nie etwas Grünes entdeckt, also hatten wir praktisch die Hoffnung aufgegeben. Wir saßen hauptsächlich da, weil wir es so romantisch fanden, wie die Sonne nach einem weiteren wundervollen Tag im Paradies von Hawaii unterging.

Und dann geschah es! Gerade als die Sonne zur Hälfte im Meer verschwunden war, zuckte ein riesiges grünes Licht über das Meer. Steven und ich wurden durch den starken Eindruck fast umgeworfen.

»Das grüne Leuchten!«, riefen wir beide gleichzeitig. Wir machten diese Erfahrung beide zum ersten Mal.

Ein Weilchen später standen wir auf und gingen durch vulkanisches Gestein auf einem alten Pfad an einem alten, heiligen Fischteich vorbei. Ich fühlte mich in einem erhöhten Bewusstseinszustand und wie in halber Trance.

Der Himmel verdunkelte sich langsam, und der Pfad wurde immer schwieriger zu erkennen. Über dem Pfad bewegten sich leuchtende Lichter, und als meine Augen sich darauf einstellten, erkannte ich Hunderte von uralten hawaiianischen Geistern. Jemand hatte uns von diesen verstorbenen Eingeborenen erzählt, die *Ka huakai o ka po* genannt werden. Das bedeutet »Nachtwanderer«. Sie waren so deutlich zu sehen, dass sogar Steven sie wahrnahm, der normalerweise nicht hellsichtig ist. Wortlos wanderten sie an uns vorbei, aber sie hatten nichts Furchterregendes an sich.

Zuerst hatte ich vermutet, dass diese Nachtwanderer erdgebundene Seelen seien, die sich ihres Todes nicht bewusst waren, aber eine Stimme sagte mir, dass sie sich freiwillig entschieden hatten, der Erde nahe zu bleiben, um für sie zu sorgen. »Sie hüten das Land«, versicherte mir die Stimme.

Wir baten die Nachtwanderer um Erlaubnis, bevor wir den heiligen Boden betraten. Unsere Bitte erregte die Aufmerksamkeit eines alten, leicht geschrumpften und gebeugt gehenden Medizinmannes. Er sprach fortwährend in Stevens linkes Ohr, während wir weitergingen. Ich blieb ein bisschen zurück, um die beiden Männer miteinander reden zu lassen.

Der Medizinmann zeigte Steven gegenüber großen Respekt. Ich sah, dass er in ihm einen Schamanen-Kollegen erkannte. »Ihr wart beide bislang noch nicht bereit, auf dieser Insel zu leben, aber jetzt werdet ihr langsam vorbereitet«, erklärte er Steven. »Wir Hawaiianer haben euren Vorfahren im Großen und Ganzen vergeben, was ihr uns und unserem Land angetan habt. Aber ihr beide, Doreen und du, ihr müsst versprechen, dass ihr helft, das Land schön zu halten.«

Wir kamen zu einer Höhle, die durch eine sogenannte Lavaröhre gebildet wurde. Ein großer Lavastrom hatte beim Erhärten einen riesigen Tunnel erzeugt.

Steven nahm sein Didgeridoo heraus, das er mitgenommen hatte, und bat den Medizinmann um Erlaubnis, hier spielen zu dürfen. Eine Menge Nachtwanderer waren hier versammelt, zum Teil, weil es seit Langem ihr Zuhause war, zum Teil aber auch, weil sie Stevens Musik zuhören wollten. Der fast volle Mond hatte sich über die Berge erhoben und erleuchtete Steven und die Nachtwanderer in seinem geheimnisvollen Licht. Ich sah dem Ganzen aus respektvoller Entfernung zu. Ich wollte nicht so recht mit ihnen tief in die Höhle hineingehen.

Nachdem Steven sich wieder zu mir gesellt hatte, gingen wir mit dem Medizinmann weiter zu einem See namens Queens Bath in Mauna Lani nördlich von Kona. Dieses bekannte Heilbad wurde von den polynesischen Frauen und hawaiianischen Königinnen zur Erholung und Heilung besucht.

Steven knipste die Taschenlampe an, die er mitgebracht hatte. Der Medizinmann runzelte die Stirn, als er das sah, und ich schnappte seinen Gedanken auf, dass dieses Licht unseren Geisterfreunden gegenüber unhöflich und störend war. Also schaltete Steven es nur an, wenn dichte Baumkronen das

Mondlicht verschluckten und wir nicht mehr sehen konnten, wo wir hintraten. Wir bogen von dem Pfad ab und gingen in einen alten Baumhain, der das Bad der Königin umgab. Der Weg lag voller Äste, deshalb war ich für Stevens Taschenlampe recht dankbar.

Doch dann ging sie plötzlich aus. »Das verstehe ich nicht«, meinte Steven. »Ich habe heute Morgen die Batterien ausgewechselt, und die Lampe ist auch ganz neu.« Ich schaute den Medizinmann an. Er hatte ganz schön Kraft, dass er einfach so unsere Taschenlampe ausschalten konnte! Aber ich wusste, dass er uns auf unserem Weg helfen würde.

So geschah es. Das Bad der Königin lag versteckt hinter einem großen, gut sichtbaren Fischteich nahe dem Mauna Lani Resort. An der kleinen Brücke, die den Eingang markiert, betraten wir weißen Sand. Die Energie in der Lavaröhre war sehr männlich gewesen, doch hier fühlte es sich vollkommen weiblich an. Ich sah viele schlanke, polynesisch wirkende Nachtwanderinnen hier. Im Gegensatz zu den leise glühenden, aber ansonsten farblosen Gestalten der anderen Nachtwanderer trugen diese Frauen lange, farbenprächtige Gewänder. Dass sie Geister waren, erkannte ich nur an ihrem langsamen, würdigen, meditativen Gang, der ganz eindeutig aus einer anderen Zeit stammte.

Aus Achtung vor ihnen passten wir uns ihrer Gangart an. Der Medizinmann gab uns ein Zeichen, dass er an der Brücke auf uns warten würde, und Steven und ich baten um Einlass. Die Frauen winkten uns mit einer leichten Verbeugung herein. Steven zog sein Hemd und seine Schuhe aus und begab sich in das Wasser.

»Mir wurde gesagt, ich solle mich wie in einem Reinigungsritual oder in einer Taufe ganz untertauchen«, erklärte er.

Ich watete bis zur Taille hinein und sprach laut: »Ich bitte darum, dass alle Ängste und alles, was nicht in mir im Gleichgewicht ist, geheilt werden möge!«

Eine der Frauen bedeutete mir, dass ich Steven und mir Wasser über den Kopf sprühen solle, um das Heilungsritual zu besiegeln. Beide atmeten wir spontan tief aus. Offensichtlich hatten wir etwas Tiefes, Altes losgelassen.

Wir hatten Hibiskusblüten und Kakuinüsse mitgebracht, die wir als Zeichen der Dankbarkeit hinterließen. Im Stillen bat ich die Göttinnen, Steven und mir dabei zu helfen, ein wunderbares Haus am Strand zu finden.

Der Medizinmann begleitete uns zurück zum Hauptweg, wo er uns verließ, und traumwandlerisch langsam gingen wir zurück zum Hotel. Die Lobby und die Flure fühlten sich ganz unwirklich und unnatürlich an, und wir gewöhnten uns nur allmählich wieder an diese »Wirklichkeit«.

Elternfreuden, Elternleiden

Sosehr ich Hawaii auch liebte, genoss ich es doch immer wieder, nach Hause zurückzukehren und in meinem eigenen Bett zu schlafen. Es war eine gute Reise gewesen, und unser Rückflug verlief glatt.

Als ich an jenem Abend einschlief und meine Dankgebete sprach, sagte mir eine Stimme, dass die Gebete meiner Mutter für mich ein wichtiger Grund für meinen weltlichen Erfolg seien. Am nächsten Tag rief ich sie an, um mich bei ihr zu bedanken. Sie war so bescheiden wie immer.

Am folgenden Abend schreckte ich von der Sirene eines Krankenwagens hoch und dachte unmittelbar an meinen Sohn Charles. Ich umhüllte ihn sofort mit schützendem, weißem Licht und rief ein paar zusätzliche Schutzengel an seine Seite.

Ich stand noch einmal auf und ging ins Badezimmer. Im Spiegel sah ich mein angespanntes Gesicht. »Ich bin es so leid, mir immer um meine Kinder Sorgen zu machen!«, sagte ich zu mir. »Es erschöpft mich und geht mir auf die Nerven. Seit meiner Schwangerschaft mit Charles vor 25 Jahren mache ich mir Sorgen. Das ist eindeutig zu lange!«

Ich erinnerte mich an die Botschaft, die ich am Abend zuvor bezüglich der Gebete meiner Mutter empfangen hatte. Ich hatte solch ein Glück, dass sie sich keine Sorgen um mich machte, sondern positive Dinge für mich visualisierte. Sie konzentrierte sich auf Wünsche, nicht auf Ängste. Ich beschloss, für meine Kinder und mich selbst das Gleiche zu tun, und bat die Engel um Unterstützung.

In dieser Nacht schlief ich so gut wie schon lange nicht mehr. Ich hatte meine ganze gewohnheitsmäßige Sorge um meine Kinder den Engeln überlassen.

14
Die Priesterinnen-Party

Es war Mitte April, und ich mietete mir mit ein paar Freundinnen zusammen eine Limousine, um nach Los Angeles zu fahren und dort meinen Geburtstag zu feiern. Auch die ayurvedische Ärztin Shannon Kennedy und Shien-Linn, eine wunderbare Arzthelferin, feierten ihre Geburtstage. An meinem Geburtstag würde ich in England sein, Shannon hatte im März Geburtstag gehabt, und Shien-Linn war auch ein April-Kind.

Wir hatten uns glitzernde Schals umgelegt und fühlten uns sehr göttinnenhaft. Unser Ziel war Julianos Rohkost-Restaurant. Er ist ein gefeierter Rohkost-Koch und Autor des Buches »Raw: The Uncook Book«.

Rohe Früchte und Gemüse übermitteln mit jedem Happen natürliche Lebenskraft. Gekochte, haltbar gemachte oder tiefgefrorene Lebensmittel enthalten nicht mehr viel von dieser Lebenskraft, denn im Ofen, in einer Dose oder im Gefrierfach überlebt nichts. Meine Freundinnen und ich sahen freudig dem natürlichen Hochgefühl entgegen, das durch Rohkost entsteht.

In der Limousine tauschten wir unsere Geschenke aus. Judith gab mir einen großen Aventurin, von dem mir im Traum gesagt worden war, dass ich damit arbeiten solle. Sie überreichte ihn mir in einem wunderschönen, glänzenden Beutel, den ich mir gleich an den Gürtel hängte. »So haben sie in der alten Zeit auch ihre wertvollen Kristalle und Steine mit sich herumgetragen«, bemerkte Judith lachend.

Ich spürte, wie die Energie des Aventurins sofort meine Brust hochstieg. Judith erklärte, dass Aventurin sehr gut dafür ist, das Herz auf der physischen und auf der emotionalen Ebene zu öffnen und zu reinigen.

Ich schenkte Shien-Linn einen Kristallstab. Shien-Linn ist eine hoch gewachsene, schmale junge Frau mit langem, seidigem, schwarzem Haar. Ihr Lächeln ist so schön wie ihre Seele. Die ganze Metaphysik ist noch recht neu für sie, und wir hatten sie alle ein wenig unter unsere Fittiche genommen.

»Jede Priesterin braucht einen Kristallstab«, meinte ich zu ihr, als ich ihr den weißen Samtbeutel überreichte. Sie zog den sehr weiblichen, mit Bergkristall und Rosenquarz besetzten Stab heraus, und wir gaben ihr eine kurze Einweisung in seine Benutzung.

Auf dem Heimweg von Julianos blieben wir auf der Stadtautobahn von Los Angeles im Stau stecken. Also ermutigten wir Shien-Linn, ihren Zauberstab auszuprobieren. Zögerlich zeigte sie mit ihm auf den Verkehr und bat ihn, sich in Bewegung zu setzen.

»Du musst daraus ein Kommando machen, Shien-Linn!«, erklärten wir ihr. »Du musst die ganze Kraft deiner persönlichen Macht und Überzeugung hineinstecken.«

»Atme tief durch«, riet Lynette. »Geh nach innen und verbinde dich mit deinem Herzen. Sieh oder spüre, was du wirklich manifestieren willst. Dann rufe die Engel herbei, die Göttinnen und die Aufgestiegenen Meister, dass sie dir helfen. Schicke diese Absicht mit dem Ausatmen durch deinen Stab. Und dann bewege ihn mit großer Geste und sage: ›So sei es!‹«

»Zauberin«, fuhr Judith fort, »bist du bereit, deine Wünsche Wirklichkeit werden zu lassen? Spürst du die Tradition dieses Stabes, den Zauber, die Macht, die Heilung und die Anmut, die in ihm und seinen Steinen schwingt? Diese Schwingung spiegelt die göttliche Liebe und Weisheit wider, die auch in dir ruht. Dieses herrliche Licht wird durch die physische Präsenz unserer Kristallfreunde verstärkt. Genauso wie bei Menschen, die uns lieb und teuer sind, ist auch jeder Kristall und Stein willig und bereit, dir auf deiner Reise zu helfen. Aber du bist dafür verantwortlich, deine Erfahrungen zu gestalten. Deine Gebete, deine Absicht und dein Fokus aktivieren die unendlichen Möglichkeiten des Lebens. Ich wünsche dir, dass du in deinem Leben Freude hast und die wunderbaren kristallinen Energien in dir entdeckst.«

»Materie ist Energie«, gab Shannon zu bedenken. »Bündle deine Energie zu einer klaren, eindeutigen Absicht und lass sie sich manifestieren. Energie ist Wille in Aktion.«

Und Chris fügte hinzu: »Shien-Linn, wunderbare Göttin, wisse, dass dieses Geschenk dir Gelegenheit gibt, dich an die Magie zu erinnern und deine Kraft zurückzugewinnen. Glaube daran, dass es möglich ist, wisse, dass es geschehen ist, und es wird so sein, wie du glaubst.«

Während wir Shien-Linn unsere Abrakadabra-Ratschläge für Zaubersprüche gaben, kamen wir uns vor wie die Feen in dem Disney-Film »Cinderella«.

Shien-Linn setzte sich aufrecht hin, sammelte ihre Kraft, und ihr Gesicht wurde ernst und selbstsicher. Sie richtete ihren Stab auf den Verkehr und sagte: »Bewegung! Jetzt!« Ihre Stimme war frei von Zorn, nur voller Autorität. In dem ganzen Wagen summte es vor Energie.

Der Fahrer der Limousine hatte all dies mitgehört. Er war bereit, alles zu versuchen, um diesem Stau zu entkommen. Und so jubelte er mit uns, als der Stau vor uns sich Sekunden nach Shien-Linns Befehl auflöste.

15
Begegnung mit dem Dalai Lama

Am Silvesterabend hatte ich vor meinen Freunden meine Absicht vorgelesen, dem Dalai Lama begegnen zu wollen. Damals spürte ich in meinem Bauch, dass es auch geschehen würde. So war ich begeistert, als ich erfuhr, dass er auf dem Campus der University of California, ganz in der Nähe meines Wohnortes einen Vortrag halten würde. Ich kaufte sofort Karten. Traditionellerweise überreicht man dem Dalai Lama zur Begrüßung einen speziellen weißen Seidenschal, den Kata. Ich kaufte zwei Katas, je einen für Steven und für mich. Ich wusste, dass ich ihm begegnen würde. Ich hatte keine Zweifel daran und sah innerlich, wie ich ihm den Schal überreichte.

Gespannt nahmen wir unsere Plätze in der Halle ein. Als der Dalai Lama eintrat und sich auf den schönen, geschnitzten Stuhl auf die Bühne setzte, wurde das Publikum still. Ich sah seine wunderbare violett und smaragdgrün leuchtende Aura, in der auch etwas Gelb auftauchte. Das Grün und das Violett waren Zeichen für seine Heilkraft und seine klare Verbindung, durch die er Botschaften des Göttlichen erfuhr. Das Gelb wies auf einen gewissen Stress hin. Schließlich musste er für seine Mission ununterbrochen durch die Welt reisen, um für den Buddhismus und für die Freiheit Tibets zu sprechen. Seine gelassene Haltung war ein Zeichen seiner hingebungsvollen Meditation. Er schien jemand zu sein, der sich nicht viel um Materielles kümmerte, da alle seine Bedürfnisse erfüllt waren. Ich konnte sehen, dass er aus einem Gefühl der Berufung heraus sprach und in liebevollem Dienst. Sein Englisch war auf sehr liebenswerte Weise ein wenig holperig, deswegen übersetzte einer seiner Mönche seinen Vortrag.

»Innere Stärke und die rechte Haltung führen zu einem sinnerfüllten, glücklichen Leben«, begann Seine Heiligkeit. »Mit einem verärgerten Herzen ist es unmöglich, eine freundliche Atmosphäre herzustellen.« Er erklärte, dass in einer Beziehung das Drama die Liebe verdrängen kann. Eine mitfühlende Haltung führt zu einer positiven Atmosphäre und lässt die Elemente des Körpers angemessen zusammenwirken. Dann braucht man keine Schlaftabletten oder Beruhigungsmittel. »Negative Emotionen entstehen vor allem aus Gewohnheit«, erzählte das tibetische Oberhaupt dem faszinierten Publikum. »Habt ihr jedoch die negativen Auswirkungen dieser Emotionen erkannt, werdet ihr euch nicht mehr auf sie einlassen wollen, sondern lieber positive Gedanken wählen und entwickeln wollen. Wenn ihr eure Emotionen auf diese Weise betrachtet, wird euer Handeln auf positiven Emotionen beruhen und nach unserem Verständnis ethisch sein.«

Die Begegnung und der Segen

Als der Vortrag zu Ende war und alle aufstanden, um dem Dalai Lama enthusiastisch Beifall zu klatschen, sagte ich zu Steven: »Jetzt ist der Zeitpunkt, ihm zu begegnen. Kommst du mit?«

»Das klappt ja doch nicht«, meinte er. »Viel zu viele Leute.«

»Na gut«, erwiderte ich und stieg über Stevens lange Beine, um den Gang hinunter zur Bühne zu gehen. Ich nahm meinen Kata-Schal hervor und ging dorthin, wo Seine Heiligkeit vom Podium kommen musste. Ich hielt dem Sicherheitsbeamten den Schal hin und sagte, dass ich Seiner Heiligkeit dieses Geschenk überreichen wolle. Er trat zur Seite und ließ mich durch.

Ich hielt den Kata hoch, sodass der Dalai Lama ihn sehen konnte, und er kam direkt auf mich zu! Ich überreichte ihm meine Gabe, und er hielt den Schal mit geschlossenen Augen, während er seinen Segen in die weiße Seide legte. Dann hielt er sein Gesicht ganz nah an meines, sodass sich unsere Stirnen fast berührten, und sah mir direkt in die Augen. Seine Augen lächelten, und er war ganz präsent und lebendig. Sein ganzes Gesicht war ein großes Lächeln. Die Intensität des Augenblicks war kaum auszuhalten. In seiner Energie und Persönlichkeit glich der Dalai Lama niemandem, dem ich bisher begegnet war. Er war so rein, so kindlich und gleichzeitig so königlich! Es war eine fast überirdische Erfahrung. Der Dalai Lama legte den segenserfüllten Schal um meine Schultern als sein Geschenk für mich, dann nahmen ihn die Sicherheitsleute mit sich fort.

Weg war er. Ich zitterte. Joanne Light, eine Engel-Therapeutin und Assistentin von mir, hatte die ganze Szene beobachtet und kam zu mir, um mit mir den Augenblick zu genießen. Wir umarmten uns, und ich fand keine Worte. Zum Glück ist Joanne empfindsam genug, sodass es keiner Worte bedurfte. Später erzählte sie mir von ihrem eigenen kleinen Wunder. Sie hatte am Abend zuvor noch einen Platz in der dritten Reihe bekommen, obwohl die Veranstaltung seit Wochen ausverkauft war.

Steven ärgerte sich, weil er nicht den Mut aufgebracht hatte, ebenfalls zum Dalai Lama zu gehen. Es war eine schmerzhafte Gelegenheit für ihn, sich mit seiner Schüchternheit und seinem Gefühl der Unzulänglichkeit auseinanderzusetzen. Es erinnerte mich an die Zeit, als wir anfingen, miteinander auszugehen. Er tat sich damals schwer mit meiner Kraft, doch ich sagte ihm: »Schau, ich habe nicht vor, meine Aura zu schrumpfen, damit sie besser zu dir passt. Also vergrößere doch lieber deine, wenn du Schwierigkeiten damit hast, dass ich so kraftvoll bin. Werde auch kraftvoller!« Das tat er dann auch.

Während meiner Engel-Therapie-Kurse sprechen wir oft über dieses Thema. Ich versichere den Teilnehmern immer wieder, dass Power nicht aggressiv oder konkurrierend sein muss. Diese Überzeugung entsteht aus der Befürchtung, dass man sich seinen Teil schnappen müsse, bevor es jemand anderes tut. Power hat vielmehr damit zu tun, genau zu wissen, was man will, ohne sich darum zu sorgen, wie es sich manifestiert. Power entsteht, wenn man seinen inneren Visionen und seiner inneren Führung ohne Zögern folgt.

Weibliche Kraft bedeutet, für all die Gaben empfänglich zu sein, die das Leben ständig anbietet. Schließlich ist weibliche Energie empfänglich. Wenn Frauen immer nur geben und nie etwas annehmen, geraten sie aus dem Gleichgewicht. Viele meiner Schülerinnen klagen darüber, dass ihre Gebete nicht erhört werden. Das liegt jedoch oft daran, dass sie die himmlischen Gaben nicht annehmen. Diese können auf vielerlei Weise zu uns kommen, zum Beispiel, wenn uns jemand seine Hilfe anbietet. Es ist erstaunlich, wie viele Menschen Hilfe ablehnen!

Wir Frauen müssen in unserer weiblichen Energie tanzen und anmutig all die Gaben entgegennehmen, die das Leben uns anbietet. Sag Ja zu den Hilfsangeboten und Danke für die Gaben und du wirst sehen, wie sich dein Leben auf magische Weise verändert!

In meiner Meditation habe ich folgende Botschaft empfangen: »Die Lichtarbeiter werden stärker und gleichzeitig empfindsamer. Ihr werdet empfindsamer für eure eigenen natürlichen Rhythmen, eure Gesundheit und eure innere Führung. Ihr werdet stark genug, um ein gesundes Leben zu führen und eurer inneren Führung zu folgen. Es ist wichtig, dass ihr Stärke und Sensitivität miteinander in Einklang bringt. Wenn ihr stark seid, ohne empfindsam zu sein, dann wird die Kraft leicht aggressiv. Wenn ihr empfindsam seid, ohne stark zu sein, dann habt ihr nicht genug Selbstvertrauen, um eure innere Führung umzusetzen.«

16

Die Insel Avalon

Steven und ich hatten uns auf unserer Tour durch England einen Tag freigenommen. Es war mein Geburtstag, und ich wollte den Tag in Glastonbury verbringen, einem meiner liebsten Orte auf dieser Erde.

An unserem ersten Abend in England nahmen wir an einem Trommel- und Singkreis teil, den eine Autorin namens Jana Russell veranstaltete. Wir saßen im Kreis und trommelten im Gleichklang, während Jana die sieben Richtungen anrief: Osten, Westen, Norden, Süden, Erde, Himmel und Innen. Dann schlug sie vor, eine Trommel- und Singreise zu Ehren von Beltane zu machen und mit der Heiligen Hochzeit zu beginnen.

Der alte keltische Feiertag Beltane wird immer um den 1. Mai herum zu Ehren des Frühlings gefeiert und soll die Fruchtbarkeitsgöttinnen für eine gute Ernte günstig stimmen. Traditionellerweise springen Liebespaare Hand in Hand über das Beltane-Feuer, um ihre Liebe bis zum nächsten Beltane zu sichern.

Die Heilige Hochzeit, von der Jana sprach, ist die Vereinigung der männlichen und weiblichen Energien in jedem von uns. Manchmal zanken sich unser innerer Mann und unsere innere Frau, genau wie in einer Beziehung, oder sie ignorieren oder missverstehen sich. In der Mystischen Hochzeit vereinigen sie sich und wirken wieder zusammen. (In den letzten Jahrhunderten ist der Begriff der Heiligen Hochzeit auch für die Hingabe einer Nonne an Jesus verwendet worden.)

In unserer Beltane-Zeremonie sangen wir von der männlichen Energie des Feuers und der weiblichen Energie des Wassers. Wir sangen auch von der Heiligen Hochzeit des Gottes mit der Göttin, von dem Zusammenkommen von Feuer und Wasser.

Die Elemente

Am nächsten Morgen meditierte ich über Wasser und Feuer und hörte folgende Worte: »Wasser ist die nährende Mutter, die alle Unreinheiten abwäscht. Feuer ist der mächtige Vater, der alle Unreinheiten wegbrennt. Das Feuer wurde während der Imbolc-Feier [um den 1. Februar herum] dazu verwandt, Raum zu schaffen für die neue Ernte. Dieses Feuer läutert, weil es alten Schutt wegräumt. Das Wasser ist jedoch wie eine Mutter. Es löst das Alte sanft von seinen Wurzeln, sodass es eher weggespült wird – nicht die vollkommene Zerstörung wie beim Feuer.«

Ich fragte, ob die Luft ebenfalls läutern würde.

»Die Luft gibt Sauerstoff und lässt das Feuer daher heller brennen. Außerdem ist Sauerstoff auch ein Element des Wassers.«

Ich fragte nach der Erde.

»Die Erde absorbiert die Gifte aus der Luft, dem Wasser und den Überresten des Feuers. Mit ihrer tiefen Liebe verwandelt sie diese Toxine. Alle vier Elemente wirken wunderbar zusammen. Setzt alle vier Elemente ein, um euch zu reinigen, zuerst in Gedanken, dann in euren Taten, dann in eurer Körperlichkeit. Die Anrufung der Göttinnen und der Engel der Elemente vereinfacht die Sache für euch, denn sie sind bereits auf ihr jeweiliges Element eingeschwungen. Achtet darauf, ein Gleichgewicht zu halten. Konzentriert euch beispielsweise nicht nur auf die Feuer-Elementale, ohne die anderen Elemente zu berücksichtigen. Wenn ihr zum Beispiel nur mit der feurigen Brigit arbeitet, gerät euer Leben aus dem Gleichgewicht. Es ist dringend notwendig, dass ihr mit jedem Element in gleicher Intensität Kontakt aufnehmt, mit der gleichen Anzahl von Gottheiten des Wassers, der Luft, der Erde oder des Feuers.« (Siehe dazu im zweiten Teil den Abschnitt über die Göttinnen und Engel der Elemente.)

Ich fragte, warum so viele Heilungen mit heiligen Brunnen und Quellen in Verbindung gebracht werden.

»Wasser ist von den vier Elementen das am leichtesten aufzunehmende. Die nährenden, weiblichen Eigenschaften des Wassers, vor allem des sanft fließenden Wassers, erleichtern es den Menschen, ihre Herzen zu öffnen, zu vertrauen und loszulassen, während sie davon trinken oder darin baden. Vertrauen ist eine sehr wichtige Komponente in der Heilungs-Gleichung. Gebete an und Vertrauen auf das Wasser sind sehr machtvoll, wie du in Lourdes noch feststellen wirst. Wasser wird auch mit dem Baden in Verbindung gebracht, was mit Reinigung und Läuterung zu tun hat. Viel Heilung entsteht durch das Loslassen von Schuldgefühlen. Wasser gibt uns die physische Möglichkeit, in einer Zeremonie Schuld abzuspülen und die Vergangenheit abzuwaschen. Das Meereswasser steht auch eng mit den Mondzyklen und daher mit dem weiblichen Zyklus und den weiblichen Energien in Verbindung. Die Meere machen die Macht des Mondes deutlich.«

In jener Nacht wurde mir im Traum gezeigt, dass unser Kronenchakra das hellste unserer Chakras ist, hell wie der Polarstern. Im Traum wurde mir erklärt, dass wir oft in unserer Unwissenheit meinen, alle Chakras müssten die gleiche Größe und Helligkeit haben. Doch da das Kronenchakra unser Gott/Göttinnen-Chakra ist, muss es das hellste sein.

Der Göttinnen-Tempel von Glastonbury

Mit seiner jahrhundertealten Architektur und den mittelalterlichen Kleidern, in denen die Leute hier auf der Straße umhergehen, erinnert Glastonbury sehr an die keltischen Zeiten. Es ist eine Oase für spirituell Suchende, die hier Frieden, Ruhe und interessante Bücher- und Kristall-Läden finden können.

Ich hatte von dem Göttinnen-Tempel in Glastonbury schon gehört und ein Treffen mit seiner Gründerin arrangiert. Kathy Jones, die Autorin des Buches »The Ancient British Goddess«, hatte sich mit mir eine Stunde vor der Zeremonie am Vorabend von Beltane im Tempel verabredet.

Zu Anfang sprachen wir eine Weile über meine Arbeit mit den Engeln. »Der Schwan ist das Krafttier der keltischen Göttin Brigit«, meinte Kathy. »Ich glaube, dass sich Schwäne in Engel verwandeln können und umgekehrt.« Kathy ist der Ansicht, dass Brigit eine enge Verbindung mit den Engeln hat.

Der Göttinnen-Tempel in Glastonbury befindet sich im zweiten Stock eines öffentlichen Gebäudes neben einem Kristall-Laden und einer Bibliothek. Kathy eröffnete den Tempel, nachdem sie viele alte heilige Stätten der Göttin besucht hatte. »Sie lagen alle in Trümmern! Also entschloss ich mich, einen Göttinnen-Tempel zu eröffnen, in dem wir das ganze Jahr über Zeremonien abhalten können.«

Wir sprachen auch über die Geschichte Glastonburys und die Insel Avalon. »Avalon ist immer noch da«, sagte Kathy. »Glastonbury ist die äußere Wirklichkeit, die du mit deinen physischen Sinnen erfährst. Avalon ist die innere Welt. In meinen Augen geht es darum, das Herz zu öffnen und sich der Göttin und ihrer Liebe hinzugeben. So viele Frauen haben keine Ahnung von der Göttin! Ich glaube, dass sie die Quelle aller Dinge ist. Sie ist das große Nichts, Liebe, inkarnierte Weisheit. Einfach alles.«

Ich fragte Kathy nach dem Ausgleich zwischen männlichen und weiblichen Energien.

»Manchmal sehe ich die Göttin im Gleichgewicht mit Gott als ihrem Partner. Meistens ist es eine Projektion dessen, wie ich mich gerade fühle. Das gilt besonders für Beltane. Es ist eine der wenigen Zeiten im Jahr, wo wir wegen der Fruchtbarkeitsrituale den Männern Zutritt gewähren.«

Unser Gespräch endete, weil es Zeit war, die Beltane-Zeremonie vorzubereiten. Kathy hatte vorgeschlagen, dass die Teilnehmer sich in Rot kleiden sollten, um das Feuer zu ehren. Ich trug ein bodenlanges dunkelrotes Samtkleid mit weiten Ärmeln und einem eng geschnürten Oberteil. Die meisten Männer und Frauen, die an diesem Abend teilnahmen, kamen auch in rotem Samt.

In der Mitte des prächtig geschmückten Raumes hingen bunte Bänder von einem hohen Maibaum. Maibäume sind traditionelle Symbole der Vereinigung des Männlichen mit dem Weiblichen, die mit langen bunten Bändern geschmückt werden. Diese Bänder werden von Männern und Frauen gehalten, während sie um den Maibaum hin und her tanzen, wodurch sich die Bänder miteinander verweben.

An der Wand lehnten drei Steckenpferde, die das weiße Pferd symbolisieren sollten, auf dem die walisische Göttin Rhiannon zwischen den materiellen und den spirituellen Welten hin und her reitet. Ein mit rotem Samt verzierter Altar stand unter einem großen Gemälde von Rhiannon, auf dem sie langhaarig und barbusig in einem roten Rock dem Wasser entsteigt, hinter ihr der Maibaum und das Tor. Das flackernde Licht der rosafarbenen und weißen Kerzen tauchte den ganzen Tempel in ein sanftes Licht.

Im Verlauf der Zeremonie rief eine der Tempelfrauen die Göttinnen der Liebe an, um die Mystische Hochzeit und die Fruchtbarkeitsrituale von Beltane zu symbolisieren. Sie betete zu Aphrodite, Freya, Bast und Sarasvati und hielt dann eine Schale mit Erdbeeren hoch. »Wer seine Liebe zu einer anderen Person, sei es Partner, Partnerin, Freund oder Freundin erklären möchte, kann sich eine Erdbeere nehmen und sie mit der Person seiner Wahl teilen. Aber die andere Person darf die Erdbeere nicht berühren. Sie muss von Mund zu Mund weitergegeben werden.«

Nach diesem lustigen Erdbeerritual, an dem auch Steven und ich teilnahmen, begann der Tanz um den Maibaum. Jeder Teilnehmer nahm ein Band. Die Männer gingen mit ihren Bändern im Uhrzeigersinn, während die Frauen sich in entgegengesetzter Richtung bewegten. In dem dabei entstehenden Tanz schritt und duckte man sich elegant aneinander entlang und webte dabei die Bänder ineinander.

Später gingen wir alle hinaus, um über das Beltane-Feuer zu springen. Im Hof stand ein Messingkessel, in dem heiße Kohlen glühten. Wir versammelten uns und sprangen dann paarweise über das Feuer. Steven nahm mich an die Hand, ich hob mit der anderen meinen langen Rock hoch, damit er nicht Feuer fing, und wir sprangen zusammen über den Kessel, um zu zeigen, dass wir ein weiteres Jahr zusammenbleiben wollten.

Nachdem die Paare alle gesprungen waren, konnten auch Einzelpersonen ihre Absichten für das kommende Jahr durch einen Sprung über die Kohlen bekräftigen. Steven sprang noch einmal, und ich wollte eigentlich auch, war aber unsicher. Warum konnte ich vor Tausenden von Leuten sprechen, aber es war mir peinlich, vor diesen paar Leuten über die Kohlen zu springen?

Zauberin zu sein erfordert, sich seiner Ängste bewusst zu sein und ihnen ins Gesicht zu sehen. Eine Zauberin muss durch ihre Ängste hindurchgehen, so wie ich es mit dem Tauchen gemacht hatte. Also nahm ich meinen Mut zusammen, raffte meinen Rock, konzentrierte mich auf meine Absicht und sprang. Wie bei so vielen Ängsten wunderte ich mich hinterher, warum ich eigentlich so nervös gewesen war.

Die Beltane-Sonne geht über Avalon auf

Als am nächsten Morgen um halb vier der Wecker klingelte, stiegen Steven und ich ohne Murren aus den Betten. Wir wollten zum Sonnenaufgang zum Glastonbury-Tor hochgehen.

Während Steven und ich zum Tor wanderten, war der Himmel schwarz wie Samt, die Stadt unheimlich still und der Boden von einem leichten Nebel bedeckt.

Wir waren erstaunt, am Fuße des Tors niemanden anzutreffen. Wo waren die Druiden, die angeblich jede Beltane-Nacht auf dem Glastonbury-Tor verbringen?

Wir stiegen den steilen Weg zum Tor hinauf, und ich begann zu schwitzen. Wir erklommen die Stufen und kamen dann auf einen geraden Weg. In der nebeligen Dunkelheit überkam mich ein seltsames Gefühl. Ich dachte an den 80 Jahre alten Abt Whiting, der auf dem Tor erhängt und geköpft wurde, als Heinrich VIII. die Klöster zerstörte. Einen Augenblick lang fragte ich mich, ob der Abt wohl hier oben spukte, aber mir wurde sofort klar, dass sein Geist bei seinem Kloster am Fuße des Tors geblieben war.

Nein, der Turm war sicher, schließlich war er ja auch dem Erzengel Michael gewidmet.

Wir gingen zu einer Bank unterhalb des Turmes und setzten uns. Der Nebel um das Tor ließ ihn wie eine Insel im Wasser wirken. Ich konnte klar Avalon erkennen, und Glastonbury verschwand im Nebel. Deshalb waren wir also mitten in der Nacht hier hochgestiefelt: Im Zwielicht offenbarte sich Avalon!

In der Ferne krähte ein Hahn, und die Sonne kam dem Horizont näher. Der Himmel leuchtete kobaltblau. Seine herrliche Farbe erinnerte mich an das Leuchten, das ich um den Erzengel Michael sehe.

Beltane am Chalice Well

Wir wanderten vom Tor zum Chalice Well, dem Brunnen, wo um fünf Uhr eine Zeremonie stattfinden sollte. Auf dem Parkplatz stand schon eine lange Warteschlange, denn die Tore waren noch verschlossen. Ich ergötzte mich an den unterschiedlichen Gewändern und Umhängen, die da versammelt waren. Viele trugen gewundene Kränze auf dem Kopf, um den Frühling zu feiern.

Eine hoch gewachsene Frau in einem lavendelfarbenen Kleid und ein Mann in einem smaragdgrünen Umhang führten uns zu der unteren Quelle. Dieser Bereich war kürzlich erst wiederhergestellt und mit einer schönen Vesica Pisces aus Ziegelsteinen versehen worden. (Eine Vesica Pisces ist ein Symbol aus zwei einander überschneidenden Kreisen, die in der Mitte eine fischähnliche Form bilden.) Unsere Gastgeber hießen uns willkommen und erklärten, Beltane sei die Hochzeit zwischen den Gegensätzen: Feuer und Wasser, Gott und Göttin, Mann und Frau.

Ein Korb mit dunkelgrünen Schwimmkerzen wurde herumgegeben. Wir sollten eine Absicht oder einen Wunsch damit verbinden und die Kerze dann in der Mitte der Vesica Pisces ins Wasser setzen. Das Ganze glich auch einer Vulva und war daher ein Portal zur Verwirklichung unserer Absichten.

Ich wünschte mir, dass mein Herz offener für die Liebe werden möge, entzündete die Kerze und setzte sie in die einander überschneidenden Kreise. Sie schwamm dort zwischen den Kerzen der anderen Teilnehmer, und das Kerzenlicht spiegelte sich wunderschön im Wasser.

Anschließend gingen wir alle hinaus auf die Wiese und wandten uns gen Osten, um das erste Licht des ersten Sommertages zu begrüßen. Ein Mann betete zu der männlichen keltischen Sonnengottheit Bel und zu Apoll, seine Partnerin zu den Sonnengöttinnen Sulis und Brigit.

Dann entzündete das Paar einen großen Holzstapel in der Mitte der Wiese. Im Gegensatz zu der Schale mit glühenden Kohlen am Vorabend war dies ein ordentlicher Scheiterhaufen. Ich fragte mich, wie wir da wohl drübergesprungen wären.

17
Göttinnen, Engel und Regenbogenkinder

Durch die Erlebnisse in Glastonbury erfrischt, kehrten wir nach London zurück, wo ich eine Reihe von Vorträgen halten sollte. Auf die Empfehlung unseres Hotels hin wollten wir in einem Thai-Restaurant namens Mango Tree zu Abend essen. Wir folgten der Wegbeschreibung, die man uns gegeben hatte, aber das Restaurant war nirgends zu sehen. Wir gingen immer weiter, bis wir in der Nähe von Victoria Station in einer Sackgasse landeten.

Ich betete laut zu Erzengel Chamuel, uns zu helfen, das Restaurant zu finden. Der Name Chamuel bedeutet »Der Gott sieht«. Chamuel kann wunderbar Dinge finden helfen, die verloren scheinen – genauso, wie wir uns in diesem Augenblick verloren fühlten.

Direkt nach meinem Gebet bemerkte ich einen Taxifahrer, der in seinem geparkten Fahrzeug saß und etwas aß. Ich fragte ihn, ob er das Mango Tree Restaurant kenne. »Nie gehört«, erwiderte er freundlich. Wir dankten ihm und machten uns auf den Rückweg zum Hotel. Nach etwa fünf Minuten hupte es hinter uns. Es war der Taxifahrer! Er hatte herausgefunden, wo das Mango Tree war, und war uns nachgefahren, um uns den Weg zu sagen. Wir boten ihm Geld an für seine Bemühungen, aber er lehnte es ab.

Als wir uns an unserem Tisch im Mango Tree niederließen, dankte ich im Stillen noch einmal dem Taxifahrer und Erzengel Chamuel. Manchmal erscheint ein Engel eben auch in der Gestalt eines Londoner Taxifahrers.

Regenbogenkinder und Meeres-Menschen

Der nächste Tag war der 4. Mai. Es war Vollmond, es würde eine Mondfinsternis geben, und es war Wesak, Buddhas Geburtstag. Dementsprechend hoch war die Energie in der St. James Kirche am Piccadilly Circus, wo sich das Publikum für meinen alljährlichen Vortrag über die Engel-Botschaften versammelt hatte. Während ich auf meinen Auftritt wartete, diktierte mir der Erzengel Metatron, der Hüter der Indigo-, Kristall- und Regenbogenkinder, eine Botschaft, die ich später laut vorlesen sollte:

»Die Kinder des Regenbogens werden jetzt versammelt und darauf vorbereitet, verstärkt auf der Erde zu inkarnieren. Sie sind multidimensionale, holografische Wesen voller Liebe und ohne egoistische Gefühle. Sie sind weise, ohne besonders intellektuell zu sein. Sie machen sich keine Gedanken darüber, wie sie andere beeindrucken könnten, und sie konkurrieren nicht. Sie sehen und erkennen nur Liebe, wie Engel. Die Eltern dieser Kinder müssen lernen, der Versuchung zu widerstehen, diese Kinder zu überlasten, indem sie sie zu ihren Vertrauten machen. Das kann rasch passieren, denn die Regenbogenkinder sind ausgezeichnete Zuhörer und sehr mitfühlend. Ja, manche von ihnen sind schon hier auf der Erde. Sie wurden in emotional warmen und offenen Ländern wie Mexiko, Italien, Chile, Peru, Venezuela, Neuseeland, Australien, Teilen von Afrika und Osteuropa geboren. Die Kristallkinder sind die Hauptvermittler der Regenbogen-Energie, genauso wie Kristalle das Licht in Regenbogenfarben auffächern. Auch die Delfine, die auf Reiki eingeschwungenen Menschen und die Meeres-Menschen strahlen zurzeit diese Regenbogen-Energie aus. Durch ihre Verkörperung in den Regenbogenkindern kommt noch mehr von dieser heilenden Energie auf die Erde. Zuvor wurde diese Energie von den Delfinen verkörpert. Wie schon zu anderen Zeiten der menschlichen Evolution ist es jetzt Zeit für diese Energie, vom Wasser aufs Land zu gehen. Ihr braucht das Feuer, damit es als Licht durch die Prismen des Wassers die Regenbogenstrahlen sichtbar macht.«

Metatrons Worte erinnerten mich an den Traum von Lisa Weiss, in dem die Delfine ihr erzählt hatten, dass sie jetzt zurückkämen, um die Erde zu übernehmen. Ob die Regenbogenkinder wohl aus dem Reich der Delfine stammen?, fragte ich mich.

Nachdem ich Metatrons Botschaft überbracht hatte, richtete ich meine Aufmerksamkeit auf den Erzengel Raziel, den Zauber-Engel, der uns all die spirituellen Geheimnisse und esoterischen Weisheiten verraten kann. »Erzähl uns bitte etwas über die Verbindung zwischen den Delfinen, den Meeres-Menschen und den Menschen«, bat ich ihn.

Er antwortete sofort. »Sie sind simultane Wesen, die in verschiedenen Dimensionen koexistieren, je nachdem, worauf ihr euren Fokus richtet. Wenn ihr euch nur auf die Delfine konzentriert, dann seht ihr auch nur Delfine, doch sobald ihr holografisch auch die Energie der Delfine anschaut, seht ihr deren Energiemuster und auch die Menschen, die mit den Delfinen verbunden sind, die sogenannten Meeres-Menschen, sowie die Delfine, die mit Engeln verbunden sind, die Meeres-Engel. Das Regenbogenspektrum wird das Serotonin im menschlichen Gehirn verstärken, genauso wie die Regenbogenstrahlen eures Sonnenlichtes ein natürliches Antidepressivum sind. Die Regenbogen des Lichts wurden euch gegeben, um das Regenbogenlicht eurer Chakras zu erleuchten. Deshalb braucht ihr das Sonnenlicht, um strahlend und gesund zu bleiben. Die Engel verfügen nicht über den roten Lichtstrahl, deswegen können wir euch nicht das volle Spektrum geben. Die Göttinnen verfügen über das rote Licht, vor allem die Feuergöttinnen Pele und Brigit. Die Göttin Kuan Yin verfügt über einen kirschroten Strahl, der den schönen und friedvollen Aspekt des Feuers als Hingabe repräsentiert. Wenn ihr also mit uns Engeln und mit den Göttinnen in Kontakt seid, absorbiert ihr Regenbogen-Energie, wodurch ihr euch körperlich und emotional wohler fühlt. Wasser hat ein Gedächtnis und enthält Energie. Deswegen hat das Wasser von Quellen wie Lourdes, Brigit's Well, Chalice Well und anderen Heilquellen solch eine starke Heilwirkung. Dieses Wasser ist mit der liebevollen Energie der Göttinnen und Engel sowie der Gebete der Heilsuchenden aufgeladen. Wasser besteht aus lauter kleinen Regenbogentröpfchen, die auf die gleiche Weise heilen wie ein Kristallprisma, das Licht in das Regenbogenspektrum auffächert.«

18
Heilwasser

Im Rahmen unserer Tour fuhren Steven und ich als Nächstes nach Dublin. Dort wollte ich vor meinem Tagesseminar den Fitnessraum des Hotels aufsuchen. Ich hatte mir einen genauen Zeitplan zurechtgelegt. Wenn ich dort zur Stelle war, sobald er aufmachte, würde ich genau eine Stunde Zeit für meinen Sport haben. Allerdings machte er nicht auf. Ich fand den Raum verschlossen, und niemand war in der Nähe.

Ich bat den Erzengel Michael um Hilfe: »Bitte lass die zuständige Person schnell durch den Berufsverkehr hierher kommen.«

»Sag mir nicht, wie ich den Raum öffnen soll. Visualisiere einfach, dass er offen ist«, erwiderte Michael prompt. Ich tat wie geheißen, und augenblicklich erschien ein Mann aus den rückwärtigen Räumen und schloss auf. Er steckte überhaupt nicht im Verkehr, wie ich mir vorgestellt hatte! Erzengel Michael hatte mir wieder einmal geholfen, mich nur auf das zu konzentrieren, was ich manifestieren will, und mir keine Sorgen darum zu machen, wie das geschehen soll. Ich konnte mich wunderbar an den Geräten abarbeiten, und das half mir, an diesem Tag mein ausverkauftes Seminar vor 800 Leuten zu geben.

Während ich lehrte, sagte mir Erzengel Michael: »Alle wollen entgiften. Ihnen fehlen nur der Mut, die Kraft und die

Motivation dazu.« Ich bat Michael, dem Publikum durch mich mehr darüber zu sagen.

»Ihr glaubt vielleicht, dass eure Engel euch den Spaß verderben wollen, wenn sie euch bitten, eure Ernährung umzustellen, aber sie führen euch nur zu einem höheren Energieniveau, um eure Gebete zu erfüllen. Sie wissen, dass einer der einfachsten Wege zur Erhöhung eurer Energie die Vermeidung von Nahrungsmitteln mit niedriger Energie ist, wie zum Beispiel Zucker, Weißmehl, Fleisch, Alkohol, Koffein, Nikotin und Milchprodukte. Die Engel können euch helfen, eure Gier nach diesen Dingen aufzulösen oder zu reduzieren, wenn ihr sie darum bittet und ihre Hilfe auch annehmt.«

Feuer und Wasser

Nach dem Seminar fuhren Steven und ich mit einer irischen Freundin namens Fiona McClelland und unserer britischen Freundin und Herausgeberin Michelle Pilley zu Brigit's Well, dem heiligen Brunnen der Brigit. Er stand in dem Städtchen Kildare in der Nähe von Dublin auf einem Gelände, auf dem früher eine Brigit gewidmete Kathedrale gestanden hatte.

Das ist doch interessant, dass eine Feuergöttin einen Wasserbrunnen hat, dachte ich bei mir auf der Fahrt dorthin. Wir bogen auf eine unbefestigte Landstraße ab, und ein kleines Schild wies uns auf einen hübschen kleinen Park hin, in dem Brigit's Well stand. In dem Park gab es einen Bach und eine Statue von Brigit. Sie wirkte viel konservativer, als ich sie erfahren und gesehen hatte.

In der Energie des Parks spürte man, dass er seit Jahrhunderten ein Ort des Rückzugs, des Trostes und der Heilung war. Ich schloss meine Augen, um mit Brigit Kontakt aufzunehmen, und bat sie, mir etwas über die Elemente Feuer und Wasser zu erzählen.

Brigits machtvolle weibliche Stimme antwortete unmittelbar, und ich spürte die klarste Verbindung zu ihr, die ich je hatte. »Feuer ist die Essenz des inneren Lichts, der ewig brennenden Leidenschaft, der Liebe zu dienen. Rufe die Flamme an, dich zu motivieren, deinen Mut zu stärken, deine Motivation zu läutern und dich zu energetisieren. Sage den Menschen, wenn sie in sich die Flamme stärken, dann brauchen sie kein Koffein mehr. Wenn sie sich jeden Morgen vor dem Aufstehen oder kurz danach (sehr wichtig) etwas Zeit für die Meditation nehmen, können sie sich damit auf natürliche Art anregen und beleben. Das Feuer wird dann genauso entzündet, wie die Sonne aufgeht, und sie brauchen keine künstlichen Stimulanzien mehr. Würden es sich die Menschen zur Gewohnheit machen, morgens beim Aufwachen ihre innere Flamme zu stärken, würden sie sich nicht gleich in Aktivitäten stürzen und dafür künstliche Anregung brauchen. Vor allem Frauen neigen zu kalten Extremitäten. Das hängt mit mangelndem Mut zusammen. Sie müssen ihr Feuer also ganz besonders stärken und ihre innere Flamme anfachen. Das verleiht ihnen mehr Mut und ihrem Energiefeld mehr Durchhaltevermögen und Spannkraft. Es bringt mehr Leidenschaft in ihr Leben und mehr Sinn, am Leben zu bleiben.«

»Brigit«, fragte ich, »warum wirst du mit Wasser in Verbindung gebracht?«

»Das alte Volk widmete mir diesen Brunnen aus Respekt und aus Liebe wegen der Heilungen, an denen ich beteiligt war. Sie fürchteten auch das Feuer. Wasser steht mehr mit dem Weiblichen in Verbindung, aber ich habe einen feurigen Geist. Und doch bin ich durch und durch weiblich. Diejenigen, die mich zu meinen Lebzeiten kannten, sagten, ich hätte ein hitziges Temperament, aber nach heutigen Maßstäben würde ich wohl eher als gemäßigt gelten. In Wahrheit wurde mein Zorn einfach durch die schlechte Behandlung meiner Kinder und dieses Landes erregt. Die Regierenden entschieden einfach, was ihrer Meinung nach am besten für uns sei, und mir gefielen diese Regeln nicht, vor allem wenn sie uns darin beeinträchtigten, unsere Kinder zu ernähren. Es gab damals, als ich lebte, Saatgutbeschränkungen und andere Reglementierungen.«

Ich fragte, ob an ihren Brunnen Heilungen stattgefunden hätten.

»Natürlich!«, erwiderte sie. »Die Gebete läutern das Wasser, segnen es und versehen es mit zusätzlicher Heilkraft.«

Langsam und mit Nachdruck fuhr sie fort: »Gebete sind Feuer, und über Wasser zu beten ist eine Art, diese beiden Elemente miteinander zu verbinden. Außerdem befinden sich unter diesem Bach Erde und viel Luft. Dieses Heiligtum ist ein Ort vollkommener Balance der vier Elemente, und durch den Glauben und die Erwartung all der Besucher ist der Geist hier. Bitte sage den Menschen, dass sie hierher kommen und meinen Brunnen besuchen mögen, damit er weiter Segen bringt.«

Ich ging zu dem gemauerten Brunnen hinüber. Dunkles, stilles Wasser stand darin. Ich berührte es und spürte, wie eine starke Energie durch meine Finger in meinen Körper floss.

Lourdes

Zwei Tage später saßen Steven und ich in einem kleinen Flugzeug von Paris nach Lourdes. Aus dem Fenster bewunderte ich die pyramidenförmige Gestalt der Pyrenäen. Plötzlich wurde mir die Verbindung zwischen den Wörtern »Pyramide« und »Pyrenäen« bewusst. »Pyr« ist das griechische Wort für Feuer. Wieder ein Hinweis auf Feuer, während wir zu den Wassern von Lourdes reisten.

Wir landeten und nahmen ein Taxi zum Hotel. »Die Energie hier ist wunderbar«, meinte Steven auf der Fahrt zum Ort. »Es fühlt sich hier so liebevoll und friedlich an.« Die grünen Hügel, die frische Luft und die malerischen Gebäude gaben uns das Gefühl, in einer Zeitmaschine in ein anderes Jahrhundert gereist zu sein. Die schlichte Schönheit des Tals war erfüllt von Frühlingsblumen.

Als wir in Lourdes ankamen, sahen wir jedoch als Erstes Hunderte von Verkaufsständen. Sie schienen jedes Plätzchen zu besetzen. Jeder von ihnen war wie ein Flohmarktstand voller Produkte mit Abbildungen von Mutter Maria, der Heiligen Bernadette und Jesus. Wir sahen Jesus-Uhren, selbstleuchtende Rosenkränze, Bernadette-Umhänge und Glasglocken mit Mutter Maria im Schneegestöber. Und überall wurden Wasserflaschen in Mariengestalt verkauft, die man dann am Brunnen auffüllen konnte.

Wir spazierten zu dem Haus, in dem Bernadette mit ihrer Familie gelebt hatte; heute wird es als Denkmal erhalten. Es bestand nur aus einem einzigen Zimmer, und es erschreckte mich, zu sehen, auf welch kleinem Raum Bernadette, ihre Schwester, ihre zwei Brüder und ihre Eltern gelebt hatten. Als ihre Familie verarmte, hatte ihnen ein Cousin diese Cahot überlassen. Es gab weder Badezimmer noch Küche oder Waschbecken. Nur vier Wände und eine Feuerstelle.

Die Energie von Bernadettes Wundern und den Gebeten der Pilger war in dem Raum spürbar. Mir wurde angesichts der mageren Existenz der Heiligen ganz demütig zumute, vor allem als ich erfuhr, dass sie sich niemals darüber beklagt hatte. Es wird berichtet, dass sie im Gegenteil oft für das dankte, was sie hatte.

Von Bernadettes Cahot gingen wir zur Grotte von Lourdes. Überrascht sah ich eine große Basilika. Sie wirkte wie ein überladenes europäisches Schloss, viel zu prächtig für die bescheidene Umgebung oder Bernadettes armselige Lebensumstände.

Ich ärgerte mich darüber, denn zu ihren Lebzeiten war Bernadette wegen ihrer Visionen von der Kirche in Lourdes verfolgt und beschimpft worden. Aber sie liebte die Kirche und verbrachte ihr Leben hingebungsvoll als Nonne. Ich spürte, dass Bernadette allen Unmut gegen die Kirche und die Regierung losgelassen hatte, falls sie ihn überhaupt je verspürte. Ich entschloss mich, genauso all jenen zu vergeben, die mich in vergangenen Leben verfolgt hatten, und den damit verbundenen Schmerz loszulassen.

Die Grotte

Wir gingen einfach an der Basilika vorbei zu der Grotte, in welcher Maria Bernadette angewiesen hatte, ein Loch zu graben, aus dem dann die Heilquelle hervorbrach. Als wir uns der Grotte näherten, sahen wir Hunderte von Pilgern in blauen Windjacken und mit roten Armbändern, die Menschen in Rollstühlen durch die Gegend fuhren. Sie strebten zu der Basilika, um den täglichen Segen für die Kranken entgegenzunehmen.

Die Grotte war eingezäunt, und man musste Schlange stehen, um daran vorbeigehen zu können. Während wir warteten, betrachtete ich die strahlende Statue der Heiligen Mutter, die auf der feuchten, dunklen Felsstufe stand, auf der Bernadette sie erblickt hatte. Sie trug ein weißes Gewand und einen blauen Gürtel. Zu ihren Füßen lagen goldene Rosen, genauso wie Bernadette ihre Vision beschrieben hatte. Darunter stand auf Französisch: »Ich bin die unbefleckte Empfängnis.« Mit diesen Worten hatte Maria sich Bernadette vorgestellt.

Die machtvolle Heilungsenergie in der Grotte traf mich ziemlich unvorbereitet. Die Empfindung war stärker und intensiver als alles, was ich bislang auf der Erde gespürt hatte. Ich fühlte mich, als sei ich gerade im Engelreich angekommen! Mir war zum Weinen – aber nicht vor Schmerz, sondern wegen der reinen Schönheit der mächtigen, mütterlichen Liebe, die die Quelle umgibt.

Ich weiß, dass Mutter Maria überall auf der Erde anwesend ist, aber dieser Ort ist zweifellos eine Art Konzentrationspunkt. Seine Energie fühlte sich an wie eine Million Engel. Ich schwebte förmlich vor Seligkeit und Begeisterung. Wenn hinter mir nicht Leute gewartet hätten, wäre ich stundenlang dort geblieben. Ich ging zu den Bänken vor der Grotte und begann zu weinen. Diese Energie war so lieblich, so rein, so liebevoll und ekstatisch nährend!

Nachdem ich mich wieder gesammelt hatte, stellten wir uns wieder an. Das zweite Mal war die Erfahrung noch stärker. Ich hatte die Vision, durch einen Wasserfall heilender, läuternder Energie zu gehen. Meine Gefühle des inneren Friedens und der Seligkeit waren unbeschreiblich.

Am nächsten Morgen gingen wir wieder zu der Grotte, und ich stellte mich mehrmals an, um an dem Brunnen vorbeizugehen. Jedes Mal wurden durch den Wasserfall engelsgleicher Heilungsenergie in der Grotte alte Schichten von Angst, Zorn, Sarkasmus, Bitterkeit und emotionaler Wunden abgespült.

Ich setzte mich auf eine der Bänke vor der Grotte, um mich mit Mutter Maria zu unterhalten. Ich sah sie zwar nicht, aber ich spürte ihre Gegenwart und hörte ihre Stimme. Ich bat sie, mir näher zu erläutern, was sie mir auf der Kristall-Liege seinerzeit aufgetragen hatte.

»Wie kann ich den Kindern helfen?«, fragte ich.

Ihre Stimme antwortete prompt. Ich schrieb ihre Worte auf.

»Alle Gebete führen zum Erfolg. Halte deine Gebete frisch, aktiv und lebendig. Bete nicht um des Betens willen oder aus Gewohnheit oder weil du glaubst, du müsstest es tun.

Gebete sind notwendig auf diesem Planeten, und du spürst diese Energie hier sehr stark. Sie ist frisch, wach und lebendig, weil die Menschen nur mit der *einen* Erwartung hier nach Lourdes kommen: von ihren gegenwärtigen Leiden und dem derzeitigen Zustand geheilt zu werden. Viele von ihnen sehnen sich verzweifelt nach Heilung, Antworten, Ratschlägen und Wundern. Viele von ihnen scheuen sich, für sich selbst darum zu bitten, aber tun es gerne für jemand anderen, der ihnen lieb ist. Dann werden ihre Gesichter hell, und sie wissen genau, was sie wollen, eben zum Beispiel eine Heilung. Sie demonstrieren Heilung, indem sie mir, dem Himmel und den Priestern und Nonnen, die hier wirken, ihre Gedanken als Gebete zuschicken. Die Leidenschaft, die Intensität, die Entschlossenheit und der Fokus ihrer Gebete versetzen diese in Aktion. Inbrünstige, geläuterte Gebete bedeuten Heilung. Man kann Heilung nicht erzwingen, aber man kann sie enthüllen.

Habt keine Angst davor, Wunder zu erleben. Nehmt sie einfach dankbar an, genauso wie ein Baby sich darüber freut, wenn die Mutter es nährt.

Werft alle Ängste und Zweifel über Bord und richtet euren ganzen Fokus auf das Licht, welches hier durch die vielen Kerzen repräsentiert wird. Durch diese Flammen werdet ihr euch des heiligen Feuers in und um jeden von euch herum bewusst.

Was die Kinder betrifft: Geht auch innerlich in Kontakt zu ihnen. Zündet Kerzen für sie an, buchstäblich und metaphorisch. Erleuchtet ihren Weg.

Und an die Erwachsenen: Nehmt eure Rolle als Hüter der Kinder sehr ernst, denn sie steckt voller Segen, der allen Menschen dienen kann. Diese Kinder brauchen in diesen verwirrenden Zeiten besondere Fürsorge.

Diesen Kindern steht viel zu viel Gewalt zur Verfügung. Sie ist wie eine Zeitbombe. Es ist entsetzlich, dass diese Gewalt auch noch als Unterhaltung angesehen und verkauft wird. Aus unserer Sicht entzündet Gewalt, die sie sehen, Flammen des Zorns in den Herzen der Kinder. Diese Wut ist bereits in ihnen angelegt und kann wie ein Waldbrand außer Kontrolle geraten. Entweder muss die Unterhaltungsindustrie reglementiert werden, oder die Eltern müssen aufhören, ihre Kinder dazu anzuregen, indem sie selbst so etwas nicht mehr ansehen.

Der Kern der Lösung besteht darin, euren eigenen Körper und die Körper eurer Kinder zu segnen und zu reinigen. Wenn ihre Herzen mit der Magie reiner mütterlicher Liebe erfüllt sind, wachsen Sanftmut und Weichheit in ihren Herzen. Diese Sensibilität reduziert dann ihr Verlangen nach Gewalt, auch der Gewalt gegen sich selbst. Die Kinder müssen unbedingt vor Gewalt geschützt werden, sei es die Gewalt von Jugendbanden, Gewalt aus den Medien oder Gewalt in den Familien. Gewalt ist Ausdruck des dunkelsten Giftes in der menschlichen Seele. Lasst die Kinder in meinen Wassern baden, um ihre Seelen zu segnen und zu reinigen.

Gebt den Kindern Wasser, über dem gebetet wurde. Das kann hier aus Lourdes sein, oder es kann noch besser durch die Gebete der Eltern mit reinen und liebevollen Absichten versehen werden. Eltern, lasst euer Licht wie einen hellen Strahl auf eure Kinder scheinen. Scheut euch nicht davor, ihnen eure Wahrheit mitzuteilen. Sie werden diese – im Dienste der Wahrheit aufgebrachte – Zeit und Mühe zu schätzen wissen. Wenn mehr Eltern sich Zeit nehmen, aufrichtig und von Herzen mit ihren Kindern zu sprechen, wird ein neues Goldenes Zeitalter anbrechen.

Die heutigen Kinder sind natürlich neugierig Suchende. Sie sehnen sich nach Familientradition, nach einer spirituellen Lebensgrundlage und brauchen ihre Eltern als Wegweiser. In eurer jugendbesessenen Kultur verhalten sich viel zu viele Eltern wie Jugendliche und setzen sich nicht mit dem Altern und Reifen auseinander. Sie wollen nicht erwachsen werden. Das hat verheerende Auswirkungen auf die Jugend, die reife Vorbilder braucht, um ihren Weg zu finden. Also Eltern, werdet erwachsen und hört auf, euch wie überalterte Teenager zu verhalten! Hört auf, die Kameraden eurer Kinder sein zu wollen, und seid lieber ihre Hüter!

Liebt sie, liebt sie und zeigt ihnen den Weg, indem ihr euch selbst stark genug macht, ein beständiges Vorbild zu sein – nicht ab und zu einmal, sondern durchgängig –, ein Vorbild für Mitgefühl, Mut und Respekt gegenüber sich selbst, dem Leben und anderen.

Verstärkt den reinigenden Effekt des Gebets, indem ihr euer Essen und Wasser segnet, bevor ihr es zu euch nehmt. Tut dies für eure Kinder und Haustiere. Eure Wissenschaftler werden schon bald die machtvolle Wirkung aufzeigen, die Gebete und Töne auf das Wasser haben. Beten und Segnen löschen viele der Vergiftungen in eurem Körper und eurer Umwelt. Normalerweise lädt das Sternenlicht das Wasser mit neuer leuchtender Energie auf. Doch durch eure Luftverschmutzung erreicht nicht mehr so viel Sternenlicht das Wasser. Die Heilenergie, die durch eure Hände fließt, enthält das gleiche Licht wie die Sterne und wirkt daher zum Wasseraufladen ähnlich.

Haltet die Flasche oder das Glas in euren Händen und betet kurz darüber. Wenn ihr möchtet, könnt ihr meinen Namen verwenden, dann werde ich meine Energien mit euren vereinigen.«

Die Kerzenprozession

Um neun Uhr abends versammelten wir uns mit siebentausend anderen Menschen vor der Basilika, um an der nächtlichen Kerzenprozession teilzunehmen, die von April bis Oktober jeden Abend stattfindet. Jeder Teilnehmer trägt eine etwa dreißig Zentimeter lange weiße Kerze, die zum Schutz der Hände in einem Papierbecher steht. Auf den Bechern sind die Mutter Maria und die Heilige Bernadette abgebildet.

Ein Mann und eine Frau sprachen über den Lautsprecher Gebete in Französisch, Englisch, Deutsch und Spanisch, während wir uns in einer breiten Schlange über den Platz bewegten. Jedes Mal, wenn wir »Ave, Ave, Ave Maria« sangen, hielten wir alle die Kerzen hoch über unsere Köpfe. Ein wunderbarer Einklang der Stimmen und des Kerzenlichts.

Bevor ich in jener Nacht einschlief, fragte ich Maria: »Warum fühlt sich nicht die ganze Welt so wunderbar an wie in der Grotte?«

Als ich erwachte, hörte ich ihre Antwort: »Weil Wasser magnetisch ist, und dieses Wasser wurde mit inbrünstigen Gebeten aufgeladen. Das ist der Unterschied. Inbrünstige Gebete werden mit Gefühlen intensiviert und elektrisch aufgeladen. Das magnetische Wasser kann diese elektrische Ladung aufrechterhalten. So funktionieren auch Homöopathie und Wünschelrutengehen.«

Da wir erst am Nachmittag nach Paris zurückflogen, konnten Steven und ich am nächsten Morgen noch einmal zur Grotte gehen. Ich war so begeistert darüber, mich wieder in ihre nährende Energie begeben zu können, dass ich an einem Stand vor der Basilika eine wunderschöne weiße Rosenknospe kaufte. Während wir warteten, legte ich meine Gebete für die Kinder in die Rose. Ich betete auch: »Bitte helft mir, den Kindern zu helfen. Bitte helft mir, klar zu sehen, zu hören, zu fühlen und die Botschaften zu vernehmen, die über die Kinder verbreitet werden sollen.«

Als wir uns dem Brunnen näherten, spürte ich, wie seine Energie mich wieder einhüllte wie tausend Engel. So muss sich eine Nahtoderfahrung anfühlen, dachte ich. Zuerst spürte ich die Energie in meinem Kopf als einen Druck und eine mich angenehm umhüllende Empfindung, gefolgt von einer tiefen Wärme in meinem Herzen und einem Kribbeln im ganzen Körper. Je näher wir kamen, desto stärker klopfte mein Herz.

Ich tauchte meine Finger in das Wasser, das in der Grotte über die Felsen fließt, und berührte damit mein Drittes Auge, meine Ohren und mein Kronenchakra. Ich steckte die weiße Rose in der Nähe der Quelle in den Zaun – das war ein guter Platz, so würden meine Gebete für die Kinder sicherlich erhört und erfüllt werden! Als ich zu der Quelle ging, sah ich innerlich ein Bild von Mutter Maria und hörte eine Stimme aufgeregt rufen: »Sie ist hier! Sie ist auferstanden!«

Das Wort »auferstanden« schien mir immer mehr mit Jesu Himmelfahrt zu tun zu haben, aber die Stimme erklärte es mir als die Auferstehung der Mutter, das Wiedererwachen des Weiblichen. Dann hatte ich die Vision einer aufgehenden Sonne.

Ich fragte Maria: »Was soll ich sonst noch wissen, beschreiben oder lehren?«

Mit ihrer gleichzeitig lieblichen und kraftvollen Stimme erwiderte sie: »Verbreite die Kunde von dem neu aufgehenden Licht. Es ist uralt und doch neu. Eine neue Phase des Lebens bricht an. Eine neue geistige Klarheit wird herrschen, und dieses neue Licht der Mütterlichkeit kündigt sie an. Es schenkt der Menschheit eine neue Sensibilität. Dies ist die Morgendämmerung des wahren Mitgefühls und einer Führungskraft, in der das Weibliche wieder offenbar wird. Wahre Gleichheit beruht auf Mitgefühl, der Erfahrung des Göttlichen in dir selbst und in jedem anderen Menschen. Um wirklich in Kontakt mit dem Göttlichen zu kommen, müsst ihr jedem Mitgefühl entgegenbringen und nicht auswählen, wem ihr euren Segen zukommen lassen wollt. Eine wahre spirituelle Bewegung ist die Bewegung im Einklang. Mehr denn je sind jetzt Taten gefragt. Göttlich inspiriertes Tun ist der Sinn der Bewegung. Lasst das Licht vollkommenen Mitgefühls auf jeden leuchten. Lasst niemanden aus, selbst jene nicht, die euch schlecht zu behandeln scheinen oder euch unterdrücken. Diese Wesen brauchen euer mitfühlendes Verständnis mehr als alle anderen.«

Der Ausdruck des mitfühlenden Verständnisses interessierte mich.

»Das bedeutet, das Verstehen und die Vergebung zu spüren, statt sie nur intellektuell zu begreifen«, erklärte sie. »Die segensreichen und friedvollen Energien der Grotte werden sich über den ganzen Planeten ausbreiten. Das Mütterliche wird die neue Führung übernehmen. Folgt meinem Beispiel und seid starke, reine, liebevolle Führer und Führerinnen. Verachtet das Weibliche nicht mehr, vor allem die Mutter. Friede all jenen, die versuchen, einander zu helfen, ich werde mitten unter ihnen sein.

Bleibt in der Hoffnung und im Vertrauen, und ich verspreche euch einen neuen Morgen, eine neue Sonne der Herrschaft mütterlicher Liebe.

Starke Führungsqualitäten, der Mut, aufzustehen und zu lehren, wie es Bernadette getan hat, sowie die mütterliche Weisheit sind bitter nötig. Werdet ihr dieses Schwert aufnehmen? Wollt ihr diese Aufgabe annehmen? Die Zeit ist reif für Führung mit Überzeugung. Wählt ein Leben in Integrität, Weisheit, Mitgefühl und Führungskraft. Tut dies für mich und für einander, nicht um eures persönlichen Gewinns willen, sondern um eures persönlichen Wachstums willen.

Ihr habt alles, was ihr braucht. Vertraut darauf, dass entlang des Weges mehr auf euch wartet, so wie mein Sohn es euch schon gezeigt hat. Möget ihr alle finden, wonach ihr sucht, und wissen, dass genug für alle da ist.«

Angewandtes Mitgefühl

Während ich Marias Worte niederschrieb, setzte sich eine Frau mittleren Alters mit kurzen Haaren und ausgeblichener roter Jacke neben mich. Sie stieß mich etwas an, woraufhin ich ein wenig zur Seite rutschte. Ich war erstaunt über ihr Verhalten, denn ansonsten schienen alle auf den Bänken einander sehr respektvoll Raum zu lassen. Ich nahm an, dass sie dem katholischen Priester neben ihr mehr Platz verschaffen wollte, und rutschte noch etwas weiter.

Ich hatte sie schon ganz vergessen, als Steven und ich später in der Warteschlange für die Grotte an einem Tor standen. Steven schrieb gerade etwas in sein Tagebuch, als eine Frau mit einer lauten, abfälligen Bemerkung an uns vorüberging. Ich drehte mich um und erkannte die Frau von der Bank wieder. Ich dachte nicht weiter darüber nach, aber Steven fragte, ob das gerade eine Bemerkung über uns gewesen sei.

»Den Eindruck hatte ich zuerst auch«, gab ich zu. Ich schaute der Frau in die Augen, und sie schaute mit leerem Blick zurück. Da waren weder Bosheit noch Freundlichkeit. Einfach nichts. Wahrscheinlich war sie »einfach so«, dachte ich mir. Vielleicht war es ihre Persönlichkeit, vielleicht war sie krank, oder jemand ihr Nahestehendes war krank.

Aber ich ließ mich davon eine Weile aus der Fassung bringen. Mein Ego ergriff die Gelegenheit und sandte mir Zweifel. Durfte ich als Nicht-Katholikin überhaupt hier sein? Wer war ich schon, dass ich mit Mutter Maria reden wollte?

Ich bat die Heilige Mutter, mich zu läutern und mir zu zeigen, ob ich in irgendeiner Weise irrte. Dann erinnerte ich mich an ihre Worte über vollkommenes, allumfassendes Mitgefühl. Es ging darum, diese Frau zu lieben, die diesen Schmerz in mir ausgelöst hatte. Hier stand ich mitten unter siebentausend freundlichen Menschen und ließ mich von einer einzigen unfreundlichen Frau aus meiner Seligkeit reißen!

Dann dachte ich an Bernadette. Praktisch jeder – ihre Familie, Freunde, die Geistlichkeit und die weltlichen Herrscher – hatten ihre Visionen zunächst angefeindet. Doch Bernadette stand zu ihren Erfahrungen. Sie äußerte ihre Wahrheit ruhig und klar, ohne ihren inneren Frieden zu verlieren. Sie kümmerte sich nicht darum, ob andere ihr glaubten, sie wollte nur weiterhin die Grotte besuchen und die Heilige Mutter sehen dürfen.

Ich dachte an die ganze Geschichte religiöser Verfolgungen und die Worte aus dem »Kurs in Wundern«: »Eine universelle Theologie ist unmöglich, aber eine universelle Erfahrung ist nicht nur möglich, sie ist notwendig.« Eines Tages werden wir erkennen, dass wir alle über den gleichen Schöpfer sprechen, nur in verschiedenen Religionen und spirituellen Wegen und mit unterschiedlichen Worten.

Ich ging wieder durch die Grotte zur Heilquelle und tupfte mehr Wasser auf mein Drittes Auge, mein Herz, meine Ohren und mein Kronenchakra. Ich hatte das Gefühl, durch eine Dusche ungeheurer Heilenergie zu gehen. Mein Herz war voller Liebe, frei von allem Ärger oder Urteilen über diese Frau und alles, wofür sie stand. Ich verließ die Grotte mit einem breiten Lächeln und Seligkeit in meinem Herzen.

Viele der Menschen, die Lourdes besuchen, finden hier nicht nur Heilung, sondern sehen auch deutlich friedvoller aus, wenn sie in ihren Rollstühlen aus der Grotte kommen. Sie können zumindest von ihren mentalen und emotionalen Leiden geheilt werden. Als Steven und ich durch das Tor der Basilika ins Freie schritten, meinte er: »Sie werden vielleicht nicht alle gesund, aber jeder, der nach Lourdes kommt, wird geheilt.«

19
Lebendige Göttinnen

Als Steven und ich nach Paris zurückkamen, fiel uns am Seine-Ufer eine kleine Version der Freiheitsstatue auf. Ich erkannte, dass das wichtigste Symbol der Vereinigten Staaten eine Göttin ist, die eine Flamme hält. Französische Freimaurer schenkten sie ihren amerikanischen Brüdern, um dieses Land zu ehren, das auf den Prinzipien der Freimaurer beruht, die sich wiederum auf die Weisheit König Salomos zurückbeziehen, der die weiblichen und männlichen Aspekte Gottes anerkannte.

Die Schöpfer der Freiheitsstatue nahmen sich die ägyptische Göttin Isis zum Vorbild. Eigentlich sollte das Kunstwerk den Eingang des Suezkanals schmücken, aber als es dafür abgelehnt wurde, nannten die Künstler die Statue »Freiheit« und schenkten sie den Vereinigten Staaten. Ihre kleinere Ausgabe steht an der Seine, deren Namen sich von der römisch-keltischen Flussgöttin Sequana herleitet, die mit Flusswasser heilte.

Der Freimaurer und Autor des Buches »New Atlantis«, Sir Francis Bacon, half als Kanzler von England bei der Gründung der amerikanischen Kolonie Virginia mit und fügte ihrer Flagge die Göttin Virtus hinzu. Es gibt viele Bilder der Göttin in den Vereinigten Staaten, unter anderem auch Athene auf der Flagge von Kalifornien und Minerva in der Bibliothek des Kongresses in Washington, D.C.

Zeichen von Venus

Ich erhielt schon seit einer Weile viele Zeichen in Bezug auf Venus. Überall, wo ich mich hinwandte, schien sie irgendwie erwähnt zu werden. Zuerst hielt ich es für Zufall, doch dann wurde mir zunehmend klar, dass es Zeichen waren. Aber was sollten sie bedeuten, außer einer allgemeinen Verbindung mit dem Weiblichen? Eines Morgens bat ich schließlich in meinem Gebet um eine Erklärung.

Eine Stunde später fühlte ich mich dazu geleitet, im Internet zu recherchieren. Ich entdeckte, dass am 8. Juni 2004 die Venus genau vor der Sonne stehen würde. Dies schien mir bedeutsam, da die Venus ein Symbol der weiblichen und die Sonne ein Symbol der männlichen Energie ist.

So einen Sonne/Venus-Transit hatte es seit der Entdeckung der Teleskope erst vier Mal gegeben, und das nächste Mal würde er im Jahre 2012 stattfinden. Ich erinnerte mich an das Symbol für die Venus, das ich auf der Wand der Pyramide von Chichén Itzá gesehen hatte, und an meine Vision dort. Vielleicht endet der Maya-Kalender deswegen im Jahre 2012.

Zuerst gedachte ich, den Abend des Venus-Transits einfach privat zu Hause oder am Strand zu verbringen, aber ich spürte die Notwendigkeit einer öffentlichen Versammlung. Ich wollte an diesem Abend ein Friedensgebet durchführen, um die Göttin zur Wiederkehr einzuladen, und diese Zeremonie würde in dem Göttinnen-Tempel von Orange County stattfinden können.

Ich dachte an die Bücher, die ich über die Geschichte der Göttin gelesen hatte. In vielen von ihnen klangen der Ärger und die Verletztheit gegenüber den Männern durch. Es war weniger eine Hinwendung zur Göttin als vielmehr eine Ablehnung des Männlichen. Die Autorinnen schienen oft verbittert, sarkastisch und wenig liebevoll. Ich dachte an Saos Horoskopdeutung für mich, in der er mir erklärt hatte, dass eine der Aufgaben meiner Seele darin besteht, die Mysterien von Mars und Venus zu meistern.

Meine Aufgabe war es, klarzumachen, dass es hier nicht darum geht, die Männer kleinzumachen oder die Göttin über die Männer triumphieren zu lassen, sondern unsere Angst vor der weiblichen Kraft zu heilen.

Am Abend des Venus-Transits war der Tempel zum Bersten voll mit Männern und Frauen, die sich von der Energie der Göttin und Venus angezogen fühlten. Ich begann damit, über die Geschichte der Venus und der Göttin zu sprechen.

»Die Venus wird ›Morgen-‹ oder ›Abendstern‹ genannt. Seit Langem schon wird sie als mächtige Göttin verehrt. Die sumerischen Berichte sind unsere frühesten Aufzeichnungen davon. Überall wurde sie als eine sinnliche und schöne Göttin gefeiert, als Hüterin der Liebe und der Fruchtbarkeit. Als Abendstern gilt sie als Göttin der Sinnlichkeit und der Leidenschaft, als Morgenstern ist sie die Göttin der romantischen Liebe. In Sumer wurde sie Inanna genannt, ›Himmelskönigin‹ oder ›Das Große Oben‹. In Babylon nannte man sie Ishtar, in Syrien Astarte und in Persien Anahita. Die Römer nannten sie Venus oder Veneris und die Griechen Aphrodite, die Schaumgeborene. Sie glaubten, dass sie eine Mischung aus Wasser und Luft sei, aus Weiblichem und Männlichem. Heute Nacht zieht die Venus vor die Sonne. Obwohl sie viel kleiner ist als die maskuline Sonne, zeigt sie ihre Kraft und Individualität! Genau wie Venus seid ihr aufgerufen, aufzustehen und nicht vor Herausforderungen zurückzuschrecken. Venus sagt, dass wir alle Sterne sind wie sie. Manche sehen dieses Ereignis als Symbol für das Weibliche, welches das Männliche verdeckt, andere als eine Vereinigung von männlichen und weiblichen Energien. Vor langer Zeit wurde Venus zusammen mit der Muttergöttin verbannt und durch einen einzigen, patriarchalischen Vatergott ersetzt. Doch jede Familie braucht Mutter und Vater, also wollen wir die verbannte Göttin wieder zu uns einladen. Wir brauchen eine Mutter! Die Begriffe ›Mutter‹ und ›Materie‹ sind miteinander verwandt. Wenn wir unsere Mutter aus dem Bewusstsein verlieren, verlieren wir uns in der Materie.«

Dann nahm jeder von uns ein Glas Wasser, legte seine Absichten hinein und trank es aus.

Venus in Las Vegas

Am nächsten Tag flogen Steven und ich nach Las Vegas, wo ich auf der »I can do it«-Veranstaltung des Hay House Verlags sprechen sollte. Alle Vortragenden waren im »Venezianischen Hotel« untergebracht, in dem Cherubim über Deckengemälde flatterten und ein künstlicher Kanal durch die Einkaufspassage floss.

Während ich einschlief, wurde mir klar, dass auch der Name Venedigs auf Venus zurückgeht und Venedig mit Wasser in Verbindung steht. Die venusische Göttin Aphrodite ist ein Kind des Ozeans, es gab da also eine alte Verbindung.

Am nächsten Nachmittag sollte ich zum ersten Mal nach unserer Reise nach Lourdes wieder einen Vortrag halten. Genauso wie an dem Abend im Göttinnen-Tempel bemerkte ich, dass sich mein Stil verändert hatte. Lourdes hatte mich transformiert. Mein Sarkasmus war verschwunden. Ich ruhte in mütterlicher Liebe. Ich war geduldiger und verständnisvoller, und die linkshirnigen Ängste meiner inneren Geschäftsfrau waren nicht mehr so dominant.

An diesem Abend sprach ich zu 600 Leuten über die Erzengel und Aufgestiegenen Meister. Ich ging auf acht Göttinnen ein sowie auf Toth, Hermes, Merlin, Ganesha und einige Erzengel, besonders Michael. Dann wurde das Licht gedämpft und Musik aufgelegt. Ich rief jedes der geistigen Wesen, die ich erwähnt hatte, mit einer Affirmation an:

»Wir rufen jetzt Kuan Yin, die buddhistische Göttin des Mitgefühls. Lasst uns bestätigen: ›Es ist sicher für mich, mir zu vergeben. Es ist sicher für mich, anderen zu vergeben.‹ Jetzt rufen wir Kali, die Hindu-Göttin des Anfangs und des Endes. Wir bestätigen: ›Es ist sicher für mich, kraftvoll zu sein. Meine Kraft hilft anderen.‹ Als Nächstes rufen wir Lakshmi, die Hindu-Göttin der Manifestation materieller Bedürfnisse, und sagen: ›Es ist sicher für mich, zu empfangen. Voller Gnade empfange ich jetzt Gutes in meinem Leben.‹ Jetzt wollen wir Brigit einladen, die keltische Göttin des Lichts und der Heilung. Gemeinsam sagen wir: ›Es ist sicher für mein Licht, hell zu leuchten.‹ Und wir rufen Aphrodite, die griechische Liebesgöttin. Unsere Affirmation lautet: ›Es ist sicher für mich, geliebt zu werden. Ich bin jetzt liebenswert.‹«

Am nächsten Tag sprach mich eine Frau an, um mir zu erzählen, dass sie nach meinem Vortrag eine merkwürdige Erfahrung gehabt habe. Während des Seminars sei sie wirklich offen gewesen und habe all die Wesen eingeladen, ihr zu helfen. In der folgenden Nacht sah sie wirbelnde, tanzende Lichter und spürte, wie niedere Energien aus ihr herausgezogen wurden.

»Es war wie Exorzismus«, meinte sie. »Ist das normal?«
»Haben Sie außer den Lichtern etwas gesehen?«, fragte ich.
»Nein.«
»Haben Sie etwas Negatives gespürt?«
»Nein, es war nur sehr intensiv.«
»Aber es war eine liebevolle Energie, oder?«
»Oh ja!«
»Nun, Sie hatten wohl eine Engel-Erfahrung! Die Erzengel und Aufgestiegenen Meister, die wir gestern in dem Vortrag angerufen haben, haben Sie besucht, um Sie zu heilen und Ihnen zu helfen.«

An diesem Nachmittag hielt ich einen weiteren Vortrag, diesmal zum Thema »Indigo-, Kristall- und Regenbogenkinder«. Hay House wollte den Vortrag auf CD aufnehmen und bat das

Publikum, besonders leise zu sein, um die Aufnahme möglichst klar zu halten. Das Publikum nahm das offensichtlich sehr ernst. Man kann auf der Aufnahme kaum hören, dass überhaupt jemand da war! Niemand hustete, niemand rutschte hin und her, und kein Mobiltelefon klingelte.

Sogar ein kleiner Junge namens Gabriel hielt die ganze Zeit über still. Seine Eltern hatten den Fünfjährigen mitgebracht, um mich nach dem Vortrag mit ihm bekannt zu machen. Ich erzählte ihm von den großen Engelsflügeln, die ich an seinem Rücken sah, und er hüpfte begeistert auf und ab. Seine Mutter erklärte, dass Gabriel immer von seinen Engelsflügeln erzählte und sich darüber beklagte, dass er es nicht schaffen würde, zu fliegen, obwohl er wusste, dass er es konnte. Gabriel erzählte mir von seinem Schutzengel namens Crystal, und mein Herz war voller Freude über diesen jungen Zauberer, der so offen über seine Beschützer und Engelsherkunft reden konnte.

Programmiertes Wasser

Als ich am nächsten Abend wieder zu Hause und bei Shannon Kennedy zur Massage war, erzählte sie mir, dass sie Botschaften von Sri Dhanvantari empfangen würde, dem ursprünglichen Lehrer des Ayurveda, aber sie könne ihn nicht verstehen. Sie bat mich, ob ich nicht für sie mit ihm reden könne.

Ich sah sofort einen großen Mann, der in einer ausländischen Sprache über hochkarätige Konzepte für Medizin und Wissenschaft sprach. Ich konnte ihn ganz klar sehen und hören, doch auch ich verstand ihn zunächst nicht. Als ich ihn beschrieb, meinte Shannon: »Genau, das ist er! Er ist ein hervorragender Arzt, und er spricht Sanskrit.«

Glücklicherweise begann er dann durch mentale Bilder zu kommunizieren, der universellen Sprache. Zuerst zeigte er mir einen Glasbehälter mit einem dunkelgelben Öl. Shannon war ganz aufgeregt und bestätigte, dass er auf allen Abbildungen mit einer Flasche Öl in der Hand dargestellt sei.

Sri Dhanvantari zeigte mir dann heilige Geometrien und Lichter über dem Öl und wies darauf hin, dass wir unsere Öle für Heilungen mit Gebeten, Licht und Absicht aufladen sollten. Er vermittelte mir, dass jede Flüssigkeit, die wir benutzen, auf diese Art programmiert werden sollte, auch Augentropfen, Getränke, Körperlotion und Shampoo.

Er sagte Shannon, dass sie seine Schülerin sei und er mit ihr zusammenarbeiten wolle, um Menschen zu heilen. Er stellte klar, es gehe dabei nicht darum, dass er ihr helfen würde, sondern sie ihm! Wir sprachen immer weiter, und sie verstand. Dann erlaubte ihr Sri Dhanvantari, seine Heilenergie in einen verspannten Muskel in meinem Nacken zu senden. Seine durch Shannon übermittelte Energie war so stark, dass meine Muskeln ganz warm wurden und sich entspannten. Der Schmerz, den ich vorher empfunden hatte, verschwand sofort.

Später stellte ich Erkundungen über Sri Dhanvantari an und fand Abbildungen, auf denen er dem sehr ähnlich sah, was ich in der geistigen Welt gesehen hatte. Auf den Gemälden sah er etwas jünger und schlanker aus, aber das ist wahrscheinlich dem Respekt zuzuschreiben, den seine Anhänger für ihn empfanden. Und er hielt tatsächlich dunkelgelbe Glasbehälter in der Hand.

Weitere Botschaften

Jeden Tag empfing ich Botschaften und Zeichen in Bezug auf Wasser. Jemand erzählte mir von einer Heilquelle, oder die Engel sprachen zu mir über die Arbeit mit dem Element Wasser. An dem Wochenende, nachdem ich mit Sri Dhanvantari gesprochen hatte, gaben wir ein Seminar in Upstate New York, und eine Hebamme erzählte mir von den Unterwassergeburten, auf die sie sich spezialisiert hatte. Sie berichtete, dass damit kürzere Wehen, ruhigere Babys und weniger Medikamente für die Mütter verbunden seien. Und die Kinder lächeln oft, wenn sie geboren werden!

Ein paar Stunden später führte ich die Gruppe durch eine Channeling-Übung, in der wir mit Erzengel Michael Kontakt aufnahmen und ihn fragten: »Was muss ich loslassen, um ganz auf meinem Weg zu sein und meine Aufgabe zu erfüllen?«

Sobald ich diese Worte den Teilnehmern übermittelt hatte, hörte ich, wie Michael in mein rechtes Ohr sagte: »Salz – es absorbiert das Wasser aus deinen Zellen.« Und: »Abführmittel – sie rauben dir Wasser. Trink mehr Wasser, jede Art von Flüssigkeit. Trinke, trinke, trinke!«

In der kommenden Nacht erwachte ich in den frühen Morgenstunden und hörte Michael sagen: »Transfettsäuren führen zu Erschöpfung, denn sie machen das Körpersystem träge. Transfettsäuren sind schwer verdaulich, also braucht der Körper mehr Energie für die Verdauung, die er sonst anders verwenden könnte.«

Als Steven und ich am nächsten Tag zum Flughafen fuhren, sorgten wir uns einen Augenblick lang, dass wir unseren Flug verpassen könnten. Eigentlich waren wir zu spät und würden den Flug verpassen. Da es an diesem Abend der letzte Flug von der Ost- zur Westküste war, würden wir in einem Hotel übernachten müssen. Das fanden wir nicht akzeptabel, also beschlossen wir, das zu manifestieren, was wir uns wünschten.

Wir setzten unser Wissen um Manifestation ein und bestätigten liebevoll, dass wir genau zur richtigen Zeit am Flughafen ankommen würden. Wir stellten laut fest, dass wir unbeschwert unser Flugzeug besteigen würden und noch genug Zeit haben würden, unser Gepäck aufzugeben.

Ich hatte Bücher über Alchemie und Hermetik gelesen und erfahren, dass die Alchemisten früherer Zeiten daran arbeiteten, gewöhnliche Metalle wie Blei in wertvolle Metalle wie

Gold zu verwandeln. Ich würde es allerdings bei Weitem vorziehen, Gold und goldene Situationen anziehen zu können, anstatt sie erschaffen zu müssen. Wir erreichten den Flughafen so, dass uns noch bequem Zeit zum Einchecken blieb, und ich war dankbar für die Kräfte, die Steven und ich eingesetzt hatten.

Im Flugzeug nahm ich Franz Bardons Klassiker »Der Weg zum wahren Adepten« hervor. Ich lächelte, als ich seinen 1956 geschriebenen Vorschlag las, Wünsche in die Luft zu geben und sie dann einzuatmen, um sie zu manifestieren. Er rät auch, Wünsche in Wasser und Lebensmittel zu geben und sich beim Essen oder Trinken darauf zu konzentrieren, mit dieser Absicht *eins* zu werden.

Ich schloss meine Augen und lächelte weiter vor mich hin, während die Maschine ihre endgültige Flughöhe erreichte. Seit dem Venus-Transit fühlte ich mich so glücklich und voller Liebe, und viele andere hatten mir Ähnliches berichtet. Venus hatte uns als Kriegsgöttin mit der wirksamsten Waffe von allen beehrt: Sie hatte unsere Herzen der Liebe geöffnet. Wenn wir lieben, schauen wir auf die Gemeinsamkeiten und nicht auf das Trennende. Da alle Konflikte aus dem Blick auf die Verschiedenheit zwischen uns selbst und einem anderen hervorgehen, ist die Liebe wohl wirklich der Schlüssel, um Konflikte aufzulösen.

Amma, die Muttergöttin

Manche nennen sie »The Hugging Saint« (»Die umarmende Heilige«). Amma, was in Sanskrit »Mutter« bedeutet, reist durch die ganze Welt, um Menschen durch ihre Umarmung zu heilen. Sie schläft nur zwei Stunden pro Nacht und gibt allen Menschen, die ihrer bedürfen, unendlich viel. Sie umarmt die, die zu ihr kommen, und wenn es bis in die frühen Morgenstunden dauert. Man schätzt, dass sie inzwischen mehr als 21 Millionen Menschen umarmt hat.

Steven und ich hatten geplant, sie in Oakland zu besuchen, aber ich war unentschieden, ob ich das wirklich wollte, denn ich war so viel unterwegs gewesen. Ich wollte Amma gerne sehen, ich hatte bloß überhaupt keine Lust auf die ganzen Umstände, die nötig waren, um dorthin zu kommen. Sobald ich mir meiner Ambivalenz ganz bewusst war, sprach ich mit Steven darüber. Ich erklärte ihm, was ich empfand. Dann fielen mir die Worte der Engel ein: »Wenn du dich zwischen zwei Möglichkeiten entscheiden musst, wähle die, die dich deiner Lebensaufgabe näher bringt.«

Natürlich brachte es mich meiner Lebensaufgabe näher, Amma zu sehen.

In Oakland angekommen, fuhren Steven und ich zu Ammas Zentrum. Es lag in einer hübschen ländlichen Gegend mitten zwischen Pferdewiesen, Birken und Ententeichen. Über einen Feldweg kamen wir zu einer Gruppe älterer Gebäude, zwischen denen Hunderte von weiß gewandeten Menschen umhergingen.

Wir wurden gefragt, ob wir Amma schon einmal gesehen hätten. Nein, es war unser erstes Mal. Wir bekamen leuchtend orangefarbene Aufkleber auf unsere Hemden und wurden ganz nach vorne in die Reihe geführt, wo wir neben anderen Neulingen auf Kissen Platz nahmen. Als Amma hereinkam, schwoll mir das Herz vor Liebe für diese kleine, breit lächelnde Frau, die da an uns vorbeiging. Sie setzte sich auf das Podium.

Ein englisch sprechender Mitarbeiter erklärte, Amma wünsche sich, dass Männer und Frauen zusammenarbeiten und Männer die Kraft der Frauen mehr anerkennen. Während er über spirituelle Beziehungen sprach, saß Amma mit geschlossenen Augen da, wiegte sich hin und her und meditierte. Ihre Aura war leuchtend grün, und ich sah Gandhi, Krishna, Ganesha und Babaji bei ihr.

Ich schloss meine Augen und betrachtete Amma mit meinem inneren Auge. Mir wurde gezeigt, dass sie mit sehr hohen

Dimensionen in Verbindung steht. Ich sah auch, dass sie viele ihrer parallelen Leben gleichzeitig einsetzte, um durch Liebe zu heilen. Und genau wie beim Dalai Lama erkannte ich, dass sie durch Meditation und selbstlosen Dienst so weit gekommen war.

Ich sann über die Kraft der Meditation nach, die zu dem tiefen inneren Frieden führt, den ich in Amma und in dem Dalai Lama gespürt hatte. Ich hörte, wie die Engel mir ins Ohr flüsterten: »Durch Meditation wird der Sinn geboren, mit dem die meisten Menschen schwanger gehen. Selbst zehn Minuten pro Tag, in denen ihr den Geist klärt, bringen euch weiter als jedes Buch und jeder Vortrag.«

Ich sah das violette Armband, das alle trugen, die zum Retreat hier waren. Darauf standen Ammas Worte: »Die kindliche Unschuld tief in dir ist Gott.«

Als ich Ammas Chakras betrachtete, sah ich ein riesiges Solarplexus-Chakra und ein ebenso großes Kehlchakra. Die anderen waren eher klein, bis auf das Herzchakra natürlich. Es war so groß, dass es um Amma einen smaragdgrünen Schein bildete. Bei Heilern sehe ich immer dieses Grün in ihrer Aura. Bei Amma erkannte ich, dass es das stark erweiterte Herzchakra ist, das durch ihre Liebe diese grüne Aura erzeugt.

Der Mitarbeiter erklärte weiter, dass Amma uns so annimmt, wie wir sind. Sie sei wie »lebendige Liebe, die niemanden zwingt, sich zu verändern«. Und weil sie so urteilsfrei jeden annimmt, fühlt man sich in ihrer Gegenwart so wohl.

Dann sprach Amma; ihre Worte wurden auf Englisch übersetzt. »Ich verneige mich vor meinen Kindern, die Verkörperungen reiner Liebe sind«, begann sie mit ernstem Gesichtsausdruck. Es fühlte sich an, als ob eine liebevolle, wissende Mutter zu mir spricht.

»Achtzig Prozent aller Krankheiten werden durch Anspannung verursacht, und wir müssen aufhören, uns über Dinge zu sorgen und zu brüten, die wir für Probleme halten ... Das

Beten ist ein Weg, um euch von der Last zu befreien. Beten ist Gold – es bringt uns alles, was wir wollen. Liebe ist das Einzige, was der Menschheit helfen kann, denn sie kennt weder Rasse noch Religion oder Geschlecht. Wo Trennung ist, kann keine Einheit entstehen. Nur wenige sind willens, ihre inneren Welten zu erforschen; die meisten studieren lieber die äußere Welt ...«

Dann sprach Amma darüber, wie wir unsere Beziehungen heilen können. »Es ist wichtig, zu verstehen, wie der andere denkt, bevor wir auf ihn reagieren. Sonst überwältigen uns unsere negativen Reaktionen. Hass auf jemanden in sich zu tragen ist, als ob man sich selbst vergiftet und erwartet, dass der andere dadurch stirbt. Wut auf einen anderen ist wie ein Messer, das an beiden Enden scharf ist: Wer es hält, schneidet sich. Liebe ist die Medizin gegen die Krankheit des Ego. Gott ist reines Bewusstsein, das allem und jedem innewohnt. Es ist nicht immer leicht, jeden gleichermaßen zu lieben, aber wir sollten zumindest versuchen, nicht aufeinander wütend zu sein. Liebe ist unser uns innewohnendes Wesen, keine Emotion. Emotionen verändern sich. Liebe ist immer da. Liebe ist Mutter Natur. Liebe ist alles durchdringend. Das Ego hält die Liebe gefangen, und wir sollten dafür beten, dass die Liebe befreit wird. Verschwendet eure Zeit nicht mit Trivialitäten. Wir sollten uns einen Zeitplan machen und uns daran halten. Dieser Zeitplan soll uns helfen, unsere alten, negativen Muster zu durchbrechen und in unserem Leben vorwärtszukommen. Wie fokussieren? Genauso, wie ihr euch auf das konzentriert, was ihr zum Beispiel gerade einkaufen wollt. So müsst ihr euch auf eure Absicht konzentrieren, wenn ihr meditiert, ohne euch ablenken zu lassen oder unerwünschten Gedanken nachzuhängen.«

Amma führte uns durch eine Meditation, in der wir »Om«, den Klang der universellen Schöpfung, immer wieder sangen. Während des Singens konzentrierte ich mich auf die Absicht, mein Herz zu läutern. Eine Stimme, vielleicht die Ammas, flüsterte mir ins Ohr: »Es ist nicht dein Herz, es ist dein Verstand, der geläutert werden muss. Um dein Herz zu läutern, musst du deinen Verstand läutern und lernen, deine Gedanken zu disziplinieren.«

Danach begann Amma, jeden Einzelnen zu umarmen.

Als sie mich in den Armen hielt, flüsterte sie Worte in mein Ohr. Ihre Worte, auch wenn ich sie nicht verstand, klangen wie die einer tröstenden Mutter: Still, mein Kind, weine nicht mehr, sorge dich nicht mehr, du brauchst nicht so viel zu wirbeln. Ja, so ist es gut. Alles wird gut.

Ammas Umarmung, ihre Stimme und ihre Energie waren so beruhigend, nährend und mütterlich. Dann wiegte sie Steven und mich gemeinsam noch ein wenig in den Armen und schaute uns in die Augen. Sie war unglaublich präsent.

20

Atlantische Therapie

Ich führe die Teilnehmer meiner Workshops meistens in eine Erinnerung an ein vergangenes Leben in Atlantis.

Die Menschen in Atlantis lebten in einem Goldenen Zeitalter spiritueller und religiöser Freiheit. Nach dem Untergang folgte eine Ära religiöser Verfolgungen. Sumerer, Babylonier, Ägypter, Juden und Christen, sie alle hatten religiöse Verfolgungen durchgeführt, aber auch erlitten. Besonders die Heiden hatten immer wieder darunter zu leiden, dass sie an die Naturwesen glaubten. Der Begriff »Heide« bezieht sich ursprünglich auf die Heide, ein altes Wort für Wald und Wildnis. Die Verfolger schafften es jedoch, dass viele Menschen damit Teufelsanbetungen und ähnliche Schrecken verbanden.

Vor jener Zeit hatte es Tempel zu Ehren von Asherah, Isis, Sophia und anderen Göttinnen gegeben. Da Frauen Kinder gebären konnten, ging man davon aus, dass auch die Schöpfungsgottheit weiblich sein müsse oder zumindest aus einem Vater und einer Mutter bestehe. Die Statuen dieser Gottheiten schmückten die Tempel der Großen Göttin, bis sie bei der Durchsetzung des Monotheismus, des Glaubens an einen einzigen, männlichen Gott, alle zerstört wurden.

Später blies die katholische Kirche dann zum Krieg gegen die ihr bekannten Heiden und bezichtigte sie der Gotteslästerung. Zum Lohn erhielten die Verfolger oft einen Teil des Besitzes der Verurteilten. Manche wurden für diese Taten sogar heilig gesprochen.

In meinen Kursen für Hellsichtigkeit habe ich die Erfahrung gemacht, dass viele der Teilnehmer tiefe Erinnerungen an diese Verfolgungen in sich tragen. Sie fürchten, wieder dafür sterben zu müssen, wenn sie ihre Hellsichtigkeit zulassen, so wie es ihnen in früheren Leben bereits ergangen war.

Ich entdeckte auch, dass viele die Ängste und den Schmerz loslassen konnten, wenn ich ihnen half, sich an Atlantis zu erinnern. Atlantis zeigte ihnen ein klares, sicheres Umfeld, und dies wieder zu erleben, half vielen, ihr Drittes Auge ohne Furcht zu öffnen. Wann immer es möglich war, bot ich daher diesen Prozess an, um den Teilnehmern Gelegenheit zu geben, uralte Ängste zu heilen.

Meditation zur Erinnerung an Atlantis

Diese Reise in die Erinnerung an ein vergangenes Leben in Atlantis sah bei einem Fortgeschrittenen-Workshop so aus:

»Fangen wir damit an, dass ihr es euch auf euren Stühlen bequem macht«, begann ich. »Ihr könnt euch auch hinlegen, wenn euch das lieber ist ...

Atme tief durch. Ganz tief einatmen und dann vollständig ausatmen. Jetzt lass einen Delfin vor dir auftauchen. Dies ist dein persönlicher Führer, der dich zurück nach Atlantis führen wird.

Wenn du so weit bist, setze dich auf den Rücken des Delfins. Vor dir erscheint ein herrlicher Regenbogen. Wähle dir einen der farbigen Strahlen als Weg aus, auf den du jetzt mit deinem Delfin gleitest. Du gleitest nach oben, bis hoch auf den Bogen und rutschst dann auf der anderen Seite nach unten auf das weite blaue Meer zu. Jetzt bist du in der Zeit von Atlantis. Du landest in Atlantis. Schau auf deine Füße. Haben sie sich verändert? Schau dich um. Wie sieht es da aus und wer ist bei dir? Achte auf alles, was um dich herum vor sich geht.

Begib dich zu einem Heilungstempel. Achte auf die Details im Tempel. Wer ist noch da außer dir? Was tun sie? Was tust du? Verbringe so viel Zeit in dem Tempel, wie du möchtest.

Wenn du so weit bist, gehe zu einem Ort in Atlantis, der damals für dich wichtig war. Was siehst du da? Wer ist bei dir? Siehst du irgendwelche Kristalle?

Sobald du bereit bist, kehre mit deinem Delfin zu dem Regenbogen zurück. Wähle wieder einen der Farbstrahlen aus und gleite darauf zurück in dein gegenwärtiges Leben. Du kannst all dein Wissen aus Atlantis mitbringen, und du kannst jederzeit nach Atlantis zurückkehren. Dein Delfin wird bei dir bleiben, um dich zu unterstützen, zu heilen und zu lieben.«

Während die Teilnehmer innerlich zurückkehrten, weinten viele und schluchzten, weil sie die Liebe so vermissten, die sie in Atlantis gespürt hatten.

Nachdem wir diesen Kummer über den »verlorenen Kontinent« miteinander geteilt hatten, forderte ich die Teilnehmer auf, eine Botschaft von Hermes zu channeln, dem großen atlantischen Priester und spirituellen Führer. (Hermes verließ Atlantis, bevor es zusammenbrach, und ging als Toth nach Ägypten und als Merlin nach England.)

Ich bat Hermes, durch jeden eine Botschaft aufzuschreiben. Man nennt diesen Prozess »automatisches Schreiben«. Dazu benötigt man Papier und Stift oder einen Computer, und man bittet ein Wesen der geistigen Welt um eine Botschaft. Man kann dabei an den eigenen Schutzengel denken oder an einen Erzengel, einen Verstorbenen, der einem nahestand, oder einen Aufgestiegenen Meister wie Jesus oder Moses. Am besten bittet man auch den Erzengel Michael hinzu, um sicherzustellen, dass es auch wirklich das erbetene Wesen ist, welches da schreibt.

Dann stellt man eine Frage, sei es laut oder leise. Die geistigen Wesen können unsere Gedanken gut hören. Danach schreibt man alles auf, was man an Eindrücken empfängt, seien es körperliche oder emotionale Empfindungen, Visionen, innere Bilder, Worte oder Gedanken. Es ist wichtig, alles aufzuschreiben, selbst wenn es erst einmal sinnlos zu sein scheint. Das Ego bekämpft unsere spirituelle Führung, denn es will, dass wir abhängig und ängstlich bleiben. Seine beste Taktik ist, uns weiszumachen, dass wir uns das alles nur ausdenken.

»Ihr könnt immer fragen: ›Woher weiß ich, dass ich mir das alles nicht nur ausdenke?‹, und ihr werdet eine Antwort bekommen, die euch helfen wird«, empfahl ich den Teilnehmern.

Als Nächstes schlug ich vor, dass sie Hermes fragen sollten: »Was muss ich über mein Leben in Atlantis wissen, was mir in meinem jetzigen Leben hilfreich sein kann?«

Ich stellte diese Frage im Stillen ebenfalls und erhielt prompt eine Antwort.

»Damals hast du oft ein Getränk hergestellt und getrunken, das vor allem aus einer Pflanze bestand, die dem Kakao verwandt ist. Es war sehr viel reiner als das, was ihr heute als Schokolade kennt. Deine Gier nach Schokolade kommt von deiner Sehnsucht nach Atlantis, aber auch von einem physischen Bedürfnis nach der Heilwirkung reiner Schokolade, ohne Zucker, Konservierungsstoffe und andere Zutaten. Du kannst deine irdische Gier durch eine Art ätherischer Schokolade überwinden, die Raphael dir bringt und mit der du dich kontinuierlich auf der ätherischen Ebene nähren kannst.«

Erinnerung an Atlantis

Ich bat die Teilnehmer, ihre Erinnerungen an Atlantis aufzuschreiben. Die meisten waren während ihrer Rückführung in das Leben in Atlantis sehr glücklich.

Eine Frau schrieb: »Ich schaute mich an diesem wunderbaren Ort um und spürte wahren Frieden. Jede Zelle meines Seins war im Einklang. Ich war so entspannt, sicher und lebendig – wahrhaft lebendig – wie nie zuvor. Ich hatte das Gefühl, zu Hause zu sein!«

Alle Aufzeichnungen beschreiben ähnliche Elemente:

- Die Leute tragen lange, weiße Gewänder oder Tuniken mit goldenen Gürteln.
- Männer und Frauen haben lange Haare.
- Die Leute haben sehr große Füße und Schwimmhäute. Manchmal ähneln die Füße auch Flossen, vor allem, wenn die Person im Meer schwimmt.
- Die Menschen konnten unter Wasser atmen und durch ihren Mund aus dem Wasser Sauerstoff aufnehmen.
- Die Delfine lebten mit den Menschen.
- Manche berichten auch, dass sie sich in Meeres-Menschen oder Delfine verwandelten, wenn sie ins Wasser gingen.
- Durch die Städte und oft auch durch die Tempel flossen Bäche und Kanäle. Unterirdische Wasserwege wurden von Menschen und Delfinen als Transportwege benutzt.
- Die Gebäude bestanden aus Marmor und Kristall, und in vielen gab es Säulen. Manche Gebäude waren rund, andere pyramidenförmig.
- Es herrschte eine paradiesische Atmosphäre, mit Wasserfällen, Blumen und wunderschönen Bäumen.

Keltische Wassergöttinnen

Eine Weile später fuhren Steven und ich nach Malibu, um an einem Seminar über keltischen Schamanismus mit Tom Cowan teilzunehmen. Er hat das Buch »Schamanismus – Einführung in die tägliche Praxis« geschrieben und hat einen Doktortitel in Geschichte. Das Seminar fand in einem Haus am Meer statt, das einen wunderschönen großen Garten voller Wildblumen hatte. Weder Steven noch ich hatten je ein Haus am Strand mit solch einem Garten gesehen. Alle Häuser, die wir uns angesehen hatten, standen auf sehr kleinen Grundstücken ohne Blumen, Wiese oder Bäume. Genau so etwas suchten wir! Wir fragten die Gastgeberin, wie sie dazu gekommen sei.

Sie erzählte, dass ihr Mann und sie schon immer in einem Haus mit Garten direkt am Meer leben wollten. Sie hatten Affirmationen gesprochen und gebetet, dass sich ihr Haus manifestieren möge, denn sie besaßen nicht viel Geld. Währenddessen lernten sie einen älteren Herrn kennen und freundeten sich mit ihm an. Nach ein paar Jahren zog der Mann in ein Altersheim und fragte das Paar, ob sie nicht in seinem Haus leben wollten – einem Haus direkt am Meer mit einem wundervollen Garten. Er vermietete es ihnen für wenig Geld. So hatte sich ihr Traumhaus manifestiert, ohne dass sie furchtbar viel Geld ausgeben mussten.

Steven und ich schauten einander an, als wir diese Geschichte hörten. Wenn die sich ein wunderbares Haus am Meer mit Garten für wenig Geld manifestieren konnten, dann konnten wir es auch!

Tom begann mit dem Seminar, indem er die keltische Göttin Dana anrief. »Dana wird oft mit ›Wasser des Himmels‹ übersetzt«, erklärte Tom. »Viele Flüsse sind nach ihr benannt, unter anderem die Donau, der Dniepr, der Dniester und der Don. Heilige Quellen und Flüsse gelten als Eingänge zur Großen Mutter, und Dana ist eine Schöpfungsgöttin. In der keltischen Tradition holte man beim ersten Tageslicht Wasser. Heiler holten ihr Wasser von einem ›Bulaun‹, einem Felsen mit einer natürlichen Mulde, in der sich das Regenwasser sammelte. Dieses Wasser galt als besonders heilkräftig. Man kann auch zwei Steine über Wasser reiben, um das Wasser für Heilungszwecke mit der Kraft der Erde aufzuladen.«

Dann rief Tom die keltische Göttin Brigit herbei. »Die alten Kelten hielten in Brigits Namen Wasserzeremonien ab.«

Er führte uns durch eine Zeremonie, in deren Verlauf wir uns gegenseitig mit Wasser besprengten, welches in der Mitte des Kreises gestanden hatte. »Sprüht zuerst etwas Wasser auf die Füße eures Partners, auf dass sein Weg wahrhaftig sei«, leitete uns Tom an. »Segnet als Nächstes seine Hände mit dem Wasser, auf dass seine Werke wahrhaftig seien. Und dann segnet seinen Kopf mit Wasser, auf dass seine Gedanken wahrhaftig seien.«

Meine Hände kribbelten, und ich spürte, wie die Hunderte von Chakras in meiner Hand funkelten und leuchteten. Die meisten Menschen sind mit den Hauptchakras unseres Körpers vertraut, doch die Engel hatten mir gezeigt, dass der ganze Körper voller Chakras ist, genauso wie es auch in der Pranaheilung und in anderen östlichen Heilweisen gelehrt wird. In den Händen treten sie in größter Dichte auf, deshalb sind diese besonders gut dafür geeignet, Energie auszusenden oder zu empfangen. Ich lese die Aura eines Menschen, indem ich meine Hand ein paar Zentimeter von seinem Körper entfernt um seinen Kopf und seine Schultern bewege. Die Handchakras können auch die Energie von Engeln und Geistführern erkennen, die in der Nähe sind. Sie können die Energie in mentale Bilder übersetzen, die wir dann innerlich sehen, während unsere Hand »liest«.

Mit den Handchakras können wir auch die Energie eines Raumes oder eines Objekts überprüfen, einfach indem wir sie langsam durch die Luft bewegen und auf die Eindrücke achten, die dabei entstehen. Du kannst einen Parkplatz finden, indem du deine Hand hochhältst und spürst, in welcher Richtung einer frei ist. Oder du kannst verlorene Dinge damit finden. Die Handchakras lassen dich alles spüren, worauf du deine Absicht lenkst.

Du kannst mit deinen Händen auch negative Energien wegwedeln. Jedes Mal, wenn du oder jemand anderes ein negatives Wort ausspricht oder du in einem Raum Negativität spürst, kannst du eine wegwischende Handbewegung über deinem

Kopf machen. Wische die Energie mit einer u-förmigen, fließenden Bewegung fort, die über deinem Kopf mit dem Handrücken nach vorne beginnt und mit der Handfläche von dir abgewandt endet.

Während unserer Mittagspause fuhren Steven und ich zu einer nahe gelegenen Salatbar. Während wir draußen aßen, sprach Steven über seine Idee für ein neues Buch. Er überlegte, an unseren Verlag Hay House eine E-Mail zu schreiben. Ich spürte jedoch, dass er sein neues Buch lieber persönlich vorstellen sollte, und sagte ihm das auch.

Genau in diesem Augenblick flog ein Rabe an uns vorbei. »Siehst du?«, meinte ich. Steven zuckte mit den Schultern. Da flog ein zweiter Rabe vorüber. »Siehst du?« Steven zweifelte immer noch. »Brauchst du noch einen dritten Raben, um dich zu überzeugen?«, fragte ich. Eine Sekunde später flog ein dritter Rabe an uns vorbei. Steven lachte. »Sehr gut! Das war sehr überzeugend!« Er stellte sein Buch tatsächlich persönlich vor, und der Verlag nahm es an.

Ich hatte schon so viele Erfahrungen mit Raben gemacht, dass ich gelernt hatte, ihrem magischen Auftauchen zu vertrauen. Schließlich werden diese Vögel nicht umsonst mit Zauberern und Alchemisten assoziiert. Während eines Seminars von Steven hatte ich überrascht festgestellt, dass der Rabe eines meiner Krafttiere ist. Ich war immer davon ausgegangen, dass es ein lieblicheres, weiblicheres Tier sein müsse, wie eine Taube oder ein Delfin. Seit Jahren arbeitete ich mit einem Schwarzen Jaguar, und vor Kurzem hatte ich den Drachen Dino kennengelernt.

Als ich entdeckte, dass mein drittes Krafttier ein Rabe ist, war ich zuerst überrascht. Dann erkannte ich, dass meine drei Krafttiere mir halfen, mit der Schattenseite meiner Heilungs- und Channeling-Arbeit umzugehen. Sie schützten mich auch auf meinen Reisen und bei meinem Umgang mit Menschen.

Die Manifestation unseres Traumhauses

Steven und ich kehrten von dem Seminar in Malibu mit neuer Entschlossenheit zurück, unser Haus am Meer zu manifestieren. Ich rief unsere Maklerin April wieder an und bat sie, ihre Listen noch einmal durchzuschauen. Sie fand verschiedene Objekte, aber jedes hatte irgendeinen Nachteil. Entweder es war zu teuer oder es hatte keinen Garten oder es war zu renovierungsbedürftig oder es war nicht in Laguna Beach.

Mir wurde klar, dass ich Druck machte. Wann immer wir versuchen, etwas zu erzwingen, gibt es eine untergründige Angst des Ego. Die Angst kann sagen: »Vielleicht geht es ja doch nicht.« Oder: »Vielleicht habe ich so etwas Schönes gar nicht verdient.« Und jede Angst hemmt die Manifestation.

In alten Zeiten wurden Jungfrauen und Tiere geopfert, um die Götter zu besänftigen, zu erfreuen oder zu bestechen. Heutzutage töten wir zwar weder Jungfrauen noch Lämmer, aber wir haben immer noch das Gefühl, wir müssten etwas opfern, um das zu bekommen, was wir uns wünschen. Diese Überzeugung erfüllt sich dann selbst, und wir opfern unseren Schlaf, unsere Beweglichkeit oder unseren Spaß, während wir uns abmühen.

Tatsächlich ist im Universum jedoch alles für uns vorhanden. Materie besteht aus derselben formbaren Energie wie unsere Gedanken und Gefühle. Daher manifestieren wir immer das, was unseren Gedanken und Gefühlen entspricht. Wir können diese Fähigkeit nicht abschalten, wir können sie nur aufmerksamer einsetzen.

Also sprachen Steven und ich noch einmal über unsere Ängste bezüglich unseres neuen Heims. Sobald wir uns ihnen gestellt hatten, zerplatzten sie wie Seifenblasen. Dann schrieb jeder für sich genau auf, wie er sich das Traumhaus vorstellte. Als wir es einander vorlasen, stellten wir erfreut fest, dass es sich fast perfekt glich. Jeden Morgen und jeden Abend hielten wir uns an den Händen und sprachen: »Danke, Schöpfer, für unser wunderschönes Strandhaus, das wir so lieben und uns gut leisten können.« Wir schauten uns unsere Collage mit den Bildern von schönen Häusern an und stellten uns vor, wie wir glücklich in so einem ähnlichen Haus leben.

Eine Woche später rief April an und erzählte von einem Haus, welches gerade zum Verkauf angeboten wurde. Ich hatte sofort das starke Gefühl, dass es das richtige sei. Preis und Ort stimmten, und als wir hinfuhren, um es anzusehen, entdeckten wir begeistert einen Garten voller Blumen. Auch das Innere des Hauses stimmte. Noch am selben Abend unterzeichneten wir den Vorvertrag.

21

Lemurien und die Meeres-Menschen

Während der Kaufvertrag für unser neues Haus vorbereitet wurde, waren Steven und ich eingeladen, mit dem Medium James van Praagh bei einer Kreuzfahrt mitzuarbeiten. Wir waren noch nie auf einer Kreuzfahrt gewesen, abgesehen von einem kurzen Wochenendtrip von Long Beach in Kalifornien nach Ensenada in Mexiko, aber wir wollten schon immer einmal in die Südsee, also sagten wir zu. Es war ein elegantes Schiff, nicht so groß wie die gewöhnlichen Kreuzfahrtdampfer, weil es in den seichten Gewässern der Lagunen kreuzte.

Zauberhafte Paradiese

Bora-Bora ist wohl der friedlichste Ort, an dem ich je gewesen bin. Der Gipfel der Insel glüht in einem unwirklichen Grün, und seine Zacken und Spitzen wirken wie nicht von dieser Welt. Die ganze Insel strahlte eine deutlich männliche Krieger-Energie aus, und ich hörte ständig das Echo alter Gesänge.

Beim Schnorcheln hatte ich in dem unglaublich klaren, türkis leuchtenden Wasser Visionen von Kristallspitzen, die vom Meeresboden aufragen. Diese Kristalle hat es dort einmal physisch gegeben, aber sie haben ihre Schwingung erhöht und befinden sich jetzt in einer anderen Dimension. Ich konnte nur noch ihren energetischen Abdruck erkennen. Neben den Hauptinseln um Tahiti gibt es Dutzende von kleinen, unbewohnten Inseln, die Motus genannt werden. Ich freute mich, als Steven vorschlug, dort zum Schwimmen hinzufahren.

Das Motu vor Bora-Bora sah aus wie ein Paradies. Hinter dem klarsten, türkisblausten Wasser, das man sich vorstellen kann, erstreckte sich ein seidig weißer Strand mit hohen, gebogenen Palmen, von dem aus man über das Meer auf den dramatischen grünen Berg von Bora-Bora blickte.

Während ich dort schnorchelte, tanzten Regenbogenlichter durchs Wasser. Ich meditierte mit geschlossenen Augen, während ich mich mit dem Gesicht nach unten treiben ließ und durch meinen Schnorchel atmete. Ich fühlte mich wie eine Meerjungfrau, die nach Hause gekommen ist.

»War hier das alte Lemurien?«, fragte ich.

»Nein«, hörte ich. »Lemurien war auf der anderen Seite der Welt. Doch hier lebte eine ähnliche antediluviale Gesellschaft. Zu der Zeit von Lemurien und Atlantis gab es überall auf den sieben Weltmeeren viele ähnliche Kulturen.« Der Begriff »Sieben Weltmeere« hallte noch lange in mir nach. Ich dachte an das Lied der Eurythmics »Sweet Dreams are made of this«, wo es heißt »I travel the world and the seven seas«.

Antediluvial bedeutet »vor der Sintflut«, die in Genesis (1. Mose) und anderen präjudäischen Texten beschrieben wird. Die Babylonier erzählten die Geschichte ganz ähnlich, wie wir sie aus der Bibel kennen, bis hin zu der Taube, die von dem Rückgang der Flut berichtet. Die Wissenschaftler haben entdeckt, dass um 3150 v. Chr., ungefähr zu der Zeit der Sintflut, ein Komet ins Mittelmeer gestürzt ist. Möglicherweise gab es um 7640 v. Chr. auch schon einen Kometenabsturz. Lemurien soll in der ersten Flut untergegangen sein und Atlantis in der zweiten.

Eigenschaften der Meeres-Menschen

Während ich unter Wasser schwamm, empfing ich die Botschaft, dass die Augenfarbe eines Menschen etwas darüber aussagt, mit welchem Element er in Verbindung steht. Menschen mit braunen Augen haben eine starke Verbindung zur Erde und ihrer Spiritualität, zu den Tieren, Vögeln, Bäumen, Kristallen, Pflanzen und Feen. Menschen mit blauen Augen stehen mit dem Element Luft in Verbindung. Sie können sich also leicht auf Engel und Außerirdische einlassen. Menschen mit gelben Punkten in braunen Augen haben einen starken Hang zum Feuer und zu Feuerwesen wie dem Erzengel Michael und den Göttinnen Pele und Brigit. Und die Grünäugigen neigen zu dem Element Wasser und verbinden sich gerne mit den Fischen, den Wassersäugern, den Seevögeln und den Meeres-Menschen.

Ich habe in meinem Buch »Engel der Erde« über die verschiedenen Bereiche geschrieben, aus denen die Lichtarbeiter kommen. Damals habe ich ähnliche Informationen empfangen. Einige Leser haben mir berichtet, dass es ihnen geholfen hat, sich selbst besser zu verstehen. Es ist für viele eine Erleichterung, den Grund für ihre Persönlichkeit und ihre Vorlieben und Abneigungen zu kennen.

Seitdem ich über diese inkarnierten Engel, inkarnierten Elementale, Weisen, Meeres-Menschen, Sternen-Menschen und Walk-ins geschrieben hatte, bat ich die Teilnehmer meiner mehrtägigen Seminare immer, sich nach ihrer »Herkunft« in Gruppen aufzuteilen. So konnte ich diese Unterschiede noch tiefer erkennen.

Seit der Veröffentlichung von »Engel der Erde« habe ich herausgefunden, dass inkarnierte Menschen aus dem Kleinen Volk halb Elemental und halb Weise sind. Sie stammen schließlich von den weisen Tuatha dé Dannan ab, die sich vor den Invasoren in die Hügel geflüchtet hatten, wo sie zum Kleinen Volk geworden waren. Ich entdeckte auch, dass die Meeres-Engel halb

Engel und halb Elementale sind und daher die Eigenschaften beider Reiche aufweisen.

Die Meeres-Menschen aller Rassen scheinen gewisse Gemeinsamkeiten aufzuweisen: Sie haben rötliche Töne im Haar, selbst wenn ihre eigentliche Haarfarbe blond, braun oder schwarz ist. Sie haben alle etwas Grün in ihren Augen, sei es reines Grün, Braungrün, Graugrün oder Blaugrün.

Ich wollte mehr darüber herausfinden, also bat ich in meinem monatlichen Rundbrief alle, die sich für Meeres-Menschen halten, meinen Fragebogen auszufüllen. Ich bat die Teilnehmer, anzukreuzen, ob sie sich *auf jeden Fall* den Meeres-Menschen zugehörig fühlten oder eher *vielleicht*.

In die Auswertung nahm ich dann nur diejenigen, die sich auf jeden Fall für ein Meereswesen hielten. Die meisten nahmen das an, weil sie entweder meine Beschreibung als sehr zutreffend empfanden, einen starken Drang fühlten, in der Nähe des Wassers zu leben, sich seit ihrer Kindheit mit Nixen, Wassermännern und Meerjungfrauen beschäftigt hatten, oft vom Meer träumten oder Ähnliches.

Von all den Befragten galt:
- 82 Prozent hatten einen roten Ton im Haar,
- 82 Prozent trugen ihre Haare am liebsten lang (bei den Frauen waren es sogar 89 Prozent),
- 79 Prozent hatten Locken oder welliges Haar,
- 69 Prozent hatten Grün in ihren Augen,
- 85 Prozent berichteten, sie seien oft oder ständig durstig,
- 80 Prozent froren oft, auch wenn das Wetter warm war.

Die 82 Prozent mit rötlichen Haaren übersteigen bei Weitem den Bevölkerungsdurchschnitt von zwei bis zehn Prozent. Rotes Haar ist wohl eine genetische Anomalie. Es gab eine Zeit, in der Frauen mit rotem Haar der Hexerei bezichtigt wurden. Im 16. und 17. Jahrhundert wurden solche Frauen in Europa von den Hexenverfolgern umgebracht. Hatten sie vielleicht als Meeres-Menschen ihre magischen Fähigkeiten besonders gut erhalten?

Viele der Befragten beschrieben, was sie alles unternehmen, um sich warm und gesund zu halten. Sie baden oft in Meersalzbädern, essen viele Algen, fahren oft in wärmere Klimazonen und meiden kaltes Wetter, so gut es geht.

Eine Frau schrieb: »Als ich drei Jahre alt war, lernte ich schwimmen, ohne dass es mir jemand beigebracht hätte. Ich wickle meine Füße jede Nacht in nasse Handtücher, weil sie sonst so schmerzen. Ich habe auch Schuppen auf meinen Beinen, gegen die keine Creme und kein Dermatologe etwas ausrichten kann. Ich bewege mich im Wasser wie eine Meerjungfrau und habe einmal einen Weltrekord im Schmetterlingsstil aufgestellt, ohne je offiziell trainiert worden zu sein.«

Am nächsten Tag lief unser Schiff Moorea an, und ich staunte über den Unterschied zwischen den Inseln. Bora-Bora hatte eine klare männliche Krieger-Energie, und ich hatte dort die ganze Zeit das ätherische Echo von dunklen, kehligen Männergesängen gehört. Beim Anlaufen von Moorea hörte ich dagegen einen Chor weiblicher, engelsgleicher Stimmen. Sie klangen rein und klar, und dahinter hörte ich leises Feengelächter. Ich hatte gehört, dass die Bewohner von Bora-Bora auf ihrer Insel nichts anbauen und kein Vieh halten konnten, deswegen mussten sie kriegerisch werden und die Bewohner anderer Inseln berauben.

Moorea dagegen heißt auch »Die Insel der goldhaarigen Feen«, weil die Einheimischen dort immer wieder blonde Feen gesehen hatten. Ich erwartete, bei unserem Landgang keltische Feen zu sehen, aber stattdessen sah ich Menehunes, Geistwesen mit rotgoldenem Haar und dunkler Haut, die ich schon von Hawaii kannte. Das wunderte mich nicht, schließlich gibt es zwischen Hawaii und der Südsee gemeinsame Wurzeln.

Bevor wir nach Moorea kamen, hatte ich Visionen von einer polynesischen Frau mit langem, seidigem Haar, die ihr Gesicht nach oben der Sonne zuwandte. Als wir dort einliefen, erkannte ich, dass die Silhouette der Berge von Moorea genauso wirkt wie das Gesicht der Frau in meiner Vision. Die sanften Hänge von Moorea standen in deutlichem Kontrast zu den kantigen Felsen von Bora-Bora.

Als Nächstes erblickte ich einen Berg, der genau die Form einer Burg hatte. Er erinnerte mich an die Kristallburgen, die ich in meinen Visionen von Atlantis und Lemurien gesehen hatte. Jeder an Deck bemerkte die burgähnliche Form des Berges. Viele staunten, und manche sagten spontan das Gleiche, was ich dachte: »Ein Kristallschloss!« Obwohl alles von grünen Pflanzen überwuchert war, konnte man noch deutlich die Kristall-Energie spüren.

Die Ähnlichkeit zwischen Atlantis, Lemurien und Moorea war ein weiterer Hinweis darauf, dass Moorea mit diesen beiden Zivilisationen in Kontakt gestanden hatte.

Am nächsten Tag schlossen wir uns einer Wanderung an, die von einem Archäologen namens Mark Eddowes geführt wurde. Als wir in den Dschungel gingen, ließ ich ein ätherisches Netz von feinen, violetten Fäden über unsere ganze Gruppe weben, um uns vor Moskitos und anderen Stechinsekten zu schützen. Ich bat auch, dass Einhörner unseren Weg über das steinige Gelände begleiten und schützen mögen. Keiner von uns wurde von Insekten belästigt, und alle gingen sicheren Fußes und gleichmäßigen Schritts.

Unser Führer hatte ein Buch über Moorea verfasst und wusste neben interessanten faktischen Informationen viel über die esoterische und spirituelle Geschichte der Insel. Er führte das Werk seines Lehrers weiter, der schon seit den Fünfzigerjahren in der Südsee archäologische Stätten betreute.

Ich erwähnte Mark gegenüber die Menehunes, und er bestätigte sofort, dass Moorea genauso von ihnen bewohnt sei wie Hawaii. Als er mein Interesse an spirituellen Dingen bemerkte, erzählte er mehr über die Spiritualität der Südsee.

»Hier gelten die Frauen genauso viel wie die Männer«, erklärte er. »Es gibt Göttinnen, Königinnen und hochrangige Frauen in allen Positionen. Die Frauen haben in ihren Körpern heilige Magie, die Männer nicht. Also müssen die Männer Tempel bauen, um mit den Ahnen zu reden und spirituelle Kraft, sogenanntes Mana, zu entwickeln. Frauen haben natürliches Mana, sie brauchen es nicht von den Ahnen zu bekommen. Die ›Tacuras‹ genannten Schamaninnen heilen mithilfe der Geister, während die männlichen Schamanen eher Pflanzenmedizin verwenden. Nach der Mythologie Tahitis entstand das Leben durch einen Schöpfer namens Ta'aroa, der das Physische erschuf, und eine Schöpferin namens Atea, die seiner Schöpfung Weisheit und Erkenntnis verlieh. Der Körper ist männlich, und die Seele ist weiblich. Die Mond- und Fruchtbarkeitsgöttin Hina ist eine wichtige Gottheit für die Südseeinsulaner. Sie gilt als so schön, dass niemand sie ansehen kann. Ihre Eltern waren der Mond und die Sonne, und als Hina eines Tages wieder zum Mond zurückkehrte, schaute sie auf die Südseeinsulaner und erbarmte sich ihrer. Sie nahm ein paar Stücke des Mondes und warf sie auf die Erde. Dort wurden sie zu Banyan-Bäumen. Die dunklen Stellen und Krater, die wir auf dem Mond erkennen, sind die Stellen, an denen sie etwas weggenommen hat. Die Insulaner lernten dann, aus den Banyan-Bäumen Tapa-Gewebe zu machen.«

In der Heilkunde von Atlantis und Lemurien spielen Kristalle eine wesentliche Rolle. Ich hatte beim Schwimmen in der Südsee viele Visionen von Unterwasserkristallen. Daher spitzte ich die Ohren, als Mark erzählte, dass in den Tälern von Moorea oft Kristalle gefunden werden.

»Einmal hat jemand sogar in der Lagune einen Rosenquarz gefunden«, erinnerte er sich. Nebenbei bemerkte er zu mir, er habe gehört, dass es in dem Dreieck von Moorea, Kauai und den Osterinseln drei große Kristalle gebe, welche die Erde im Gleichgewicht hielten.

»Was ist mit Lemurien?«, fragte ich.

»In den Marquesas wurden im 17. Jahrhundert noch Inseln kartiert, die bei Kapitän Cooks Reise im 18. Jahrhundert nicht mehr da waren. Es gibt hier viele versunkene und sinkende Inseln«, erwiderte er. Beinahe im Flüsterton erzählte er mir dann privat, es gebe zwei Arten von geistigen Inselbewohnern: Die ersten waren die Mokoroa, die zumeist weiblich waren und in der inneren Erde lebten. Das erinnerte mich an Geschichten, die ich aus Griechenland kannte, denen zufolge ein Volk aus Atlantis mit seiner ganzen Zivilisation in das Innere der Erde gezogen sei.

»Und dann gibt es noch das Volk der Tamahu«, fuhr Mark fort. »Sie haben weiße Haut, rotblondes Haar und grünbraune Augen, und sie waren lange vor den weißen Europäern hier. Diese Wesen gelten als wunderschön, und ihr Haar ist wertvoll und voller Mana. Manchmal wird es zu Ornamenten verarbeitet.«

Ich blieb abrupt stehen und bat Mark, das noch einmal zu sagen. Das rote Haar und die grünbraunen Augen – das waren die Merkmale der Meeres-Menschen! Ich erzählte Mark von meinen Erkundungen über die Meeres-Menschen, und er lauschte mit gespannter Aufmerksamkeit. Ich war so dankbar, einen Wissenschaftler zu treffen, der für die Idee offen war, dass wir einmal wie die Delfine gelebt haben.

Marks Worte erinnerten mich auch an die Verbindung zwischen Atlantis und den Meeres-Menschen. Als Atlantis versank, entkamen manche, indem sie sich in Delfine verwandelten. Sie schwammen nach Afrika, Südamerika und Mexiko, wo sie ihr Wissen über Heilung und Pyramiden weitergaben und die Grundlagen für die Kulturen der Ägypter, Azteken und Mayas legten. Die griechische Legende berichtet, dass Apollon als Delfin in Griechenland ankam. Als er sich in seine menschliche Form zurückverwandelte, baute man ihm zu Ehren den Schrein von Delphi. Viele Gottheiten waren einst atlantische Führungspersönlichkeiten. Dazu gehören auch Athene, Apollon, Thoth, Metatron und Merlin.

Die Südseeinsulaner glauben auch an die Meeres-Menschen und nennen sie »Meherio«. Sie gelten als positive Wesen, die Schiffbrüchige retten. Sie verwandeln sich oft in schöne Mädchen, die zu Sonnenuntergang an Land kommen und junge Krieger und Häuptlinge verführen. Sie versuchen, die Männer dazu zu bringen, morgens mit ihnen heimlich ins Meer zurückzukehren. Die Meherio gebären in der menschlichen Welt außergewöhnliche Wesen, aber nach einer kurzen Zeit bei den Menschen kehren sie fast immer ins Meer zurück.

Mark erzählte mir auch von dem Gott Tinirau, der halb Mensch und halb Haifisch ist. Er hütet jene Menschen, die auch halb Haifische sind. Also glauben auch diese Insulaner, dass wir Menschen aus dem Meer gekommen sind und wir eine gemeinsame Abstammung mit den Delfinen, Haien und anderen Meereswesen haben. Ich staunte darüber, wie diese Informationen genau zur richtigen Zeit ihren Weg zu mir gefunden hatten.

Über und unter Wasser

Als die Kreuzfahrt zu Ende war, mieteten Steven und ich einen Wasser-Bungalow auf Moorea. Ich hatte seit Jahren Bilder von diesen Hütten gesehen und mir vorgestellt, wie wundervoll es wäre, direkt vom Hotelzimmer aus ins Meer springen zu können. Am ersten Morgen unseres Aufenthalts dort zog ich also meinen Badeanzug an, legte Taucherbrille, Schnorchel und Flossen an und sprang von unserer Terrasse aus ins Wasser. Ich klemmte mir ein Stück Brot in den Badeanzug und stellte wieder fest, dass man sich mit Essen bei den Fischen sehr beliebt macht. Neben mir schwammen neonblaue, leuchtend gelbe und gestreifte tropische Fische. Ich fühlte mich wie die Wassermama, der eine Kette hungriger Fische folgt.

Am Abend gingen Steven und ich zu einer Dinner-Show unter dem Titel »Tahitian Mamas«. Die Insel-Matronen sangen aus voller Brust, wie eine tropische Version der Gospelsinger. Eine Mama erregte meine Aufmerksamkeit, weil sie mit besonderer Begeisterung sang. Ihr Herz ist wirklich weit offen, dachte ich, während ich ihr bewundernd zusah.

Als ob sie meine Gedanken gehört hätte, kam sie zu mir herüber, nahm mich an die Hand und führte mich zur Bühne. Sie wies mich an, neben ihr auf der Bühnenkante Platz zu nehmen. Ich fühlte mich ganz von ihrer mütterlichen Energie eingehüllt. Ich streckte die Arme aus und bat um eine Umarmung. Wie eine Bärenmutter nahm sie mich kraftvoll an die Brust, und ich schmolz schier in ihren weichen, mütterlichen Körper hinein.

Mama winkte mir, ihr zu folgen, und zeigte mir, wie man einen Lei-Kranz herstellt. Sie gab mir eine große Nadel und Faden und einen Korb voller duftender Plumeria- und Bougainvillea-Blüten. Ich war so glücklich in ihrer Gegenwart reiner, schlichter Liebe. Wir brauchten nicht viele Worte, wir teilten einfach unsere Freude miteinander. Sie selbst stellte einen Kopfschmuck her und sang währenddessen aus voller Brust und in großer Harmonie weiter mit dem Chor auf der Bühne mit.

Ich fädelte eine Blüte verkehrt herum auf, und Mama nahm mir lachend mein Werk aus der Hand, um den Fehler auszubessern. Ihre feste Kraft beruhte auf Liebe und einer klaren Richtung – sie kannte sich selbst und stellte sich nicht infrage. Sie ruhte wahrlich in ihrer Kraft.

Als unsere Werke fertig waren, knüpfte Mama den Lei zusammen und hängte ihn mir um den Hals. Dann setzte sie mir den Kopfschmuck auf. Zum Schluss nahm sie mich noch einmal herzlich in ihre weichen Arme und küsste mich überschwänglich auf beide Wangen.

Als ich zu meinem Platz zurückging, fühlte ich mich vollkommen geliebt und mütterlich umsorgt. Welch eine Göttin war diese Mama! Sie brauchte niemandem etwas zu beweisen, hatte keine Ziele, sondern genoss einfache Freuden wie Blumenkränze aufzufädeln und mit ihren Freundinnen zu singen.

Weiter nach Australien

Am nächsten Tag flogen Steven und ich weiter nach Sydney zu unserer jährlichen Workshop-Tour. Während ich Bücher signierte, fielen mir viele hellbraun-grünäugige, rothaarige Menschen auf. Sie alle waren besessen davon, in der Nähe des Meeres oder anderer Gewässer zu leben, fühlten sich oft durstig und froren leicht. Ich dachte wieder an die Verbindung zwischen Augenfarben und Elementen:

- Grüne Augen – Wasser-Element
- Blaue Augen – Luft-Element
- Braune Augen – Erd-Element
- Gelb-braune Augen – Feuer-Element

Als wollten sie das bestätigen, meldeten sich alle blauäugigen Teilnehmer unserer Gruppe in Sydney an, um auf die Sydney Harbour Bridge zu klettern, darunter auch Wayne Dyer, seine Freundin Ellen und meine Schwiegertochter Donna. Den Blauäugigen schien es nichts auszumachen, so hoch in der Luft zu sein. Ich legte keinerlei Wert darauf, 150 Meter hoch in die Luft zu klettern, genauso wenig wie mein hellbraunäugiger Sohn Grant.

Ich fragte Rose Rosetree, die Autorin eines Buches über Gesichtsphysiognomie, ob ihr ein Zusammenhang zwischen der Augenfarbe und bestimmten Charaktermerkmalen aufgefallen sei. Ich sagte ihr nichts über meine eigenen Gedanken zu dem Thema, um sie nicht zu beeinflussen. Sie erzählte mir, dass sie da einen starken Zusammenhang sähe. Blauäugige Menschen scheinen eine starke Neigung zu Ideen und Intellektualität zu haben. Das passte zu dem Element Luft. Grünäugige Menschen erschienen ihr mehr emotional veranlagt, vor allem, wenn sie auch rote Haare haben. Das passt zu dem Element Wasser, welches den Gefühlen zugeordnet wird. Sie fuhr fort, dass braunäugige Menschen sehr erdnah seien und Menschen mit gelben Punkten in braunen Augen besonders leidenschaftlich. Das passte gut zu den Elementen Erde und Feuer.

Ich ging in den Hyde Park spazieren, um über diese Dinge nachzudenken. Wenn wir alle ursprünglich aus dem Wasser stammen, warum haben grün- oder hellbraunäugige Menschen diese besonders ausgeprägte Affinität zum Wasser?

Ich ließ meine Fragen los, während ich dem Plätschern des Springbrunnens mitten im Park lauschte. In der Mitte herrlicher Fontänen standen Apollon und seine Schwester Artemis in ihrer ganzen Schönheit.

Direkt hinter Artemis erblickte ich ein Monument für eine andere Göttin: eine Marienkirche. Ihre dramatische neugotische Architektur erinnerte an eine lange Reihe »M« für Maria und Mutter. Ich setzte mich vor Artemis auf eine Bank und genoss den Sonnenschein und das Wasserrauschen.

Während ich meditierte, erhielt ich eine Antwort: »Alle menschlichen Körper sind Meereskörper, sie sind für das Wasser gebaut. Jeder ist auf die eine oder andere Weise ein Meer-Mensch. Die grünäugigen, rothaarigen Menschen scheinen die höchste Affinität zum Wasser zu haben, weil sie als Letzte vom Wasser aufs Land gezogen sind. Die anderen erkundeten in der Zwischenzeit andere Bereiche des Universums oder der Erde.«

Die Grünäugigen, Rothaarigen sind also wie die Kinder, die so lange im Schwimmbad bleiben, bis es schließt.

Der Wasseraffe

In jener Nacht träumte ich von Delfinen. Ehrlich gesagt schien es mir eher wie ein Besuch von den Delfinen als ein Traum. Beim Erwachen wusste ich, dass wir Menschen eine biologische Verbindung zu den Delfinen haben, und ich wollte mehr darüber herausfinden.

Die Delfine führten mich bei meiner Internet-Recherche, und innerhalb von Minuten fand ich die sogenannte Wasseraffen-Theorie, von der ich noch nie gehört hatte. Diese Theorie besagt, dass der menschliche Körper den Meeressäugern ähnlicher sei als den Primaten. Sir Alister Hardy, ein Zoologie-Professor der Universität von Oxford, stellte diese Theorie zuerst vor, und später wurde sie von Elaine Morgan, einer britischen Forscherin und Autorin des Buches »Der Mythos vom schwachen Geschlecht«, veröffentlicht. Ich besorgte mir die Bücher und vertiefte mich in das Thema.

Nach der Wasseraffen-Theorie entwickelte sich der Körper des Menschen, weil unsere Vorfahren fünf bis sechs Stunden im Wasser schwimmend oder watend verbrachten, um Nahrung zu finden. Nach Hardy und Morgan ist der menschliche Körper aus folgenden Gründen für das Leben im Wasser besonders geeignet:

- Haarlose Haut: Die Menschen haben kein Fell, genauso wie die anderen Meeressäuger, denn so lässt es sich besser schwimmen. Die wenigen Haare, die wir haben, wachsen in der gleichen Richtung, als wenn wir vorwärtsschwimmen würden. Primaten und andere Landbewohner haben ein Fell, welches sie vor der Sonneneinstrahlung schützt.

- Unterhautfettgewebe: Nur Menschen und Meeressäuger haben ein Unterhautfettgewebe, welches in kalten Gewässern der Wärmedämmung dient. Primaten und andere Landbewohner speichern ihr Fett in Membranen und um die inneren Organe herum.

- Vorstehende weibliche Brüste: Die Brüste der Menschenfrauen ähneln denen der weiblichen Seekühe. Vorstehende Brüste sind sehr praktisch, wenn man im Wasser stillt, denn das Kind kann sich daran festhalten, während es trinkt. Die Brüste von Menschenäffinnen stehen nicht vor.

- Weinen: Nur im Wasser lebende Säugetiere und Menschen vergießen Tränen, wenn sie erregt sind. Die Wissenschaftler nehmen an, dass damit der Salzhaushalt des Körpers ausgeglichen wird und durch emotionalen Stress erzeugte Abfallprodukte ausgeschieden werden. Primaten und andere Landbewohner erzeugen Tränen nur, um ihre Augen feucht zu halten oder wenn sie krank sind, nicht als Ausdruck von Emotionen.

- Nasenflügel: Die Muskeln in den menschlichen Nasenflügeln ähneln denen der Seehunde. Manche Menschen können die Nase immer noch teilweise schließen, um beim Schwimmen Wasser draußen zu halten.

- Kopfhaar: Bei den Eingeborenen finden wir Hinweise darauf, warum wir so viele Haare auf dem Kopf haben. Die Frauen eines Eingeborenen-Stammes aus Patagonien zum Beispiel verbringen viel Zeit im Wasser. Wenn die Frauen ihre Säuglinge im Arm tragen wollten, während sie durch das Wasser schwimmen oder waten, würden sie leicht das Gleichgewicht verlieren. Stattdessen halten sich die Kinder in den langen Haaren der Mutter fest. Elaine Morgan schließt daraus, dass vielleicht deswegen Frauen in der Schwangerschaft einen stärkeren Haarwuchs haben und nur selten kahl werden. Das würde auch erklären, warum 89 Prozent der Meeres-Menschen, die ich befragt habe, ihre Haare am liebsten lang tragen.

- Schwimmhäute: Die Menschen haben einen Ansatz von Schwimmhäuten zwischen Daumen und Zeigefinger – die Primaten nicht. Auch zwischen den übrigen Fingern gibt es kleine Ansätze, und ungefähr 7 Prozent aller Menschen werden mit Schwimmhäuten zwischen den Zehen geboren.

- Schwimmen: Primaten und Landsäuger schwimmen mit dem Kopf über Wasser. Menschen und Meeressäuger schwimmen und tauchen unter Wasser.

- Geschlechtliche Vereinigung: Nur im Wasser lebende Säugetiere vereinigen sich Vorderseite an Vorderseite. Bei den Menschen und den Meeressäugern sitzen die Genitalien an der Vorderseite des Körpers. Landbewohner kopulieren so, dass das Männchen hinter dem Weibchen steht. Dies ist die stabilste Haltung, wenn man sich in den Bäumen oder auf der Erde befindet. Die Vagina der meisten Primaten und Landbewohner befindet sich direkt unter dem Schwanz.

- Öl: Die Millionen von Talgdrüsen in unserem Gesicht und auf unserem Kopf wurden nicht nur erschaffen, damit Jugendliche unter Akne leiden. Ihre Hauptaufgabe ist es, die Haut besser gegen Wasser zu schützen.

- Atmung: Menschen und Delfine können ihre Atmung steuern und damit bewusst die Luft anhalten, bevor sie tauchen. Die Atmung der übrigen Landbewohner und Primaten wird automatisch gesteuert und verändert sich nur unbewusst. Außerdem haben nur Menschen, Seelöwen und Dugongs (ein den Seekühen verwandter Meeressäuger) einen absteigenden Kehlkopf, mit dem die Lungen während des Tauchens vor Wasser geschützt werden.

Hardy und Morgan argumentieren, dass die Menschen sich damals vorwiegend von Fischen und Meeresgewächsen ernährt hätten. Diese gesunde Nahrung habe dazu beigetragen, dass sich das menschliche Gehirn so stark entwickelte und größer wurde als das der anderen Primaten und Landbewohner. Sie meinen, dass auch die ersten Werkzeuge zum Fischfang entwickelt wurden. Und weil die Frauen im kühlen Wasser watend ihre Algen und Fische sammelten, entwickelten sie mehr Fettablagerungen im Unterleib. Diese Theorie erklärt auch, weshalb die Frauen unter den Meeres-Menschen dazu neigen, breite Hüften zu haben.

Auch die aufrechte Haltung lasse sich so erklären, meinen Hardy und Morgan, denn sie ist ideal, um im Wasser zu waten und zu schwimmen. So könnte auch einer der Gründe für die häufigen Rückenbeschwerden sein, dass wir einfach nicht für das Leben auf dem Land gebaut sind. Sowie wir aufstehen, reagiert unser Körper auf den Stress, indem er seine inneren Salzvorräte sammelt.

Ich entdeckte auch wissenschaftliche Untersuchungen über die gemeinsame Mitochondrien-DNS in Frauen. Diese DNS wird von Generation zu Generation unverändert weitergegeben und kann bis zu einer Frau zurückverfolgt werden, die vor 170.000 Jahren in Afrika gelebt hat. Die Wissenschaftler haben sie die »Mitochondrien-Eva« genannt, denn man hat herausgefunden, dass alle Frauen aller Rassen diesen *einen* genetischen Strang gemeinsam haben.

Diese Eva muss kurz nach dem Rückgang der Vereisung durch die Eiszeit gelebt haben. Man vermutet, dass ihr Stamm am Meer gelebt hat und sich im Wasser watend von Fischen und Meerespflanzen ernährte.

Heilen mit Delfinen

Meine Erkundungen führten mich als Nächstes zu einem Paar auf Hawaii, das in einer Bucht nahe Hilo Unterwassergeburten mit frei lebenden Delfinen durchführte. Paradise Newland hatte sich schon am Roten Meer mit von Delfinen begleiteten Geburten befasst. Ihr Partner Michael T. Hyson war ein Neurobiologe, der sich von der Heilkraft der Delfine überzeugen ließ, als sie seine alte Nackenverletzung heilten.

»Als ich zwölf Jahre alt war«, erinnerte sich Michael, »schlug ich bei einem Sprung in den Pool an der Wand auf und komprimierte den sechsten und siebten Wirbel. Achtundzwanzig Jahre später schwamm ich in Florida mit Delfinen, als ich überall um meinen Kopf und Hals laute, sehr fokussierte Sonar-Impulse hörte und spürte. Das Ganze dauerte ungefähr eine Sekunde lang. Eine Stunde später entspannten sich die Muskeln auf der linken Seite meines Halses, und verschiedene Stellen entlang meiner Wirbelsäule wurden heiß, weil sich die Durchblutung veränderte. Dann hörte und spürte ich, wie drei Wirbel in einer neuen Position einrasteten. Als ich meinen Hals bewegte, war er freier, und das mahlende Geräusch, welches er seit achtundzwanzig Jahren gemacht hatte, war verschwunden.

Nachdem ich jahrelang darüber nachgedacht und geforscht habe, kann ich mir jetzt ungefähr vorstellen, wie die Delfine das gemacht haben könnten. Ihr Sonar hat eine Kraft von fast einem Kilowatt oder einem PS. Wegen der hohen Frequenz und den vier Klangquellen kann diese Kraft auf weniger als einen Millimeter genau fokussiert werden. Das ist genug Energie, um einen Knochen zu polieren.

Ich habe inzwischen erfahren, dass die Öllinse hinter der Stirn der Delfine piezoelektrisch ist, wie ein Bergkristall. Das bedeutet, dass sie ein elektromagnetisches Feld erzeugen kann, wenn sie durch Klang stimuliert wird. Diese Felder wurden von Dr. Eldon Byrd und Dean Rawlings gemessen. Die Delfine können also sehr effektive Klänge und elektrische Felder erzeugen. Und es gibt viele Untersuchungen darüber, welche Wirkung konzentrierter Ultraschall und Elektrizität auf unseren Körper haben können. Ich glaube, so haben die Delfine meinen Nacken geheilt. Und diese Mechanismen könnten auch viele der anderen Heilungen erklären, von denen berichtet wird.

Dr. Steven Birch hat nachgewiesen, dass Delfinklänge die Frequenz und die Kraft unserer Gehirnwellen verändern können. Er nennt diesen Prozess ›Entrainment‹. Dabei werden Endorphine freigesetzt. Teile unseres Körpers sind piezoelektrisch. Knochen und Kollagen können durch Schwingung elektrische Ströme erzeugen. Solche Schwingungen könnten zum Beispiel durch Delfine erzeugt werden. Diese Töne können auch direkt auf die Körperstruktur wirken. Medizinisch eingesetzter Ultraschall kann die DNS verändern, indem er unsere Gene an- oder ausschaltet. Auch das wäre den Delfinen möglich.

Eine der beeindruckendsten Geschichten über Delfin-Heilungen erzählt von einem Kind mit Mikrozephalie (d.h. einem zu kleinen, nicht mitwachsenden Schädel). Das Kind verbrachte eine Woche in der Gesellschaft der Delfine und war dabei jeden Tag 20 Minuten lang ihren Klängen ausgesetzt. Danach entwickelten sich die Schädelplatten normal weiter. Und es gibt viele andere Geschichten davon, wie die Delfine helfen konnten.«

Entrainment

Während ich über die Delfine und Meeres-Menschen forsche, hatte eine australische Absolventin meines Fortgeschrittenenprogramms für Engel-Intuition namens Melinda Jane Maxfield einen bemerkenswerten Traum. Er begann damit, dass sie an einer Versammlung meiner Absolventen teilnahm. Ich lehrte sie, wie man mit einer bestimmten Absicht manifestieren kann, und der Prozess nannte sich »Entrainment«.

In ihrem Traum sagte ich: »Wenn wir die entsprechende Absicht auf ein Objekt projizieren (oder eine Person oder ein Ereignis) und es dann neben ein anderes Objekt halten, wird es die Form des anderen Objekts (der anderen Person, des anderen Ereignisses) annehmen. Es ist eine Art Shapeshifting.«

Ich demonstrierte das, indem ich ein blaues Lineal neben ein durchsichtiges hielt. Ich projizierte meine Absicht auf das durchsichtige Lineal, und es leuchtete kurz rot auf, bevor es die gleiche blaue Farbe annahm wie das Lineal daneben. Melinda erzählte, dass ich die Teilnehmer ermutigt hätte, das zu üben, und sie sei erstaunt darüber gewesen, wie einfach es war.

Ich wusste, dass Melinda von einer wahren Seelenreise berichtete, denn ich wache nachts oft auf und weiß, dass ich gerade unterrichtet habe. Die Absolventen meiner Fortgeschrittenenkurse sind in diesen Träumen oft dabei. Was sie erzählte, erschien mir also sehr wahrscheinlich.

Ich hatte den Begriff »Entrainment« noch nie zuvor gehört, und jetzt tauchte er in einer Woche gleich zwei Mal auf, in Melindas Traum und in dem Interview mit Michael Hyson. Mein höheres Selbst wusste offensichtlich viel mehr als mein bewusstes Selbst. Ich recherchierte offensichtlich etwas, was ich im Grunde meiner Seele schon wusste.

Auch die Definition des Begriffs kam auf synchronistische Weise zu mir. Als ich Michael Hyson und seine Partnerin Paradise Newland zum zweiten Mal interviewte, erzählte ich davon, wie schnell ich wurde, wenn ich mit den Delfinen schwamm.

»Als ob man auf einem Fahrrad im Windschatten eines Lkws fährt«, bemerkte Michael.

»Ja, genau! Wenn ich mit Delfinen schwimme, scheinen die Gesetze der Schwerkraft aufgehoben, und ich flitze mit Lichtgeschwindigkeit dahin«, erwiderte ich.

»Das liegt am Entrainment«, sagten Michael und Paradise gleichzeitig. »Wenn Sie mit den Delfinen schwimmen, sind Sie entspannter.« Michael erklärte, Entrainment sei, wenn unsere Körperrhythmen wie unser Atem, unsere Gehirnwellen und unser Herzschlag sich auf einen äußeren Rhythmus einstellen, wie zum Beispiel ein flackerndes Licht, den Atem eines anderen Menschen oder das Sonar eines Delfins. Unsere Körper passen sich der Kernfrequenz eines periodischen Signals an, seien es rhythmische Klänge, Licht oder elektrische Impulse.

Steven Birch, ein Wissenschaftler an der Monash Universität in Melbourne, hat festgestellt, dass während und nach dem Schwimmen mit freien Delfinen im menschlichen Körper Entrainment nachzuweisen ist. Im EEG reduziert sich die Frequenz und erhöht sich die Spannung. Dr. Birch glaubt, dass die Delfine eine gesunde, vermehrte Endorphin-Ausschüttung bewirken und zur Entspannung beitragen.

Ich fragte Michael, ob er auch den elektronisch gespeicherten Klang von Delfinen für wirksam hält. Er meinte, es gäbe Untersuchungen, denen zufolge die Aufnahmen von Wal- und Delfinklängen in gewissem Umfang eine ähnliche Wirkung hätten wie die Begegnung mit lebendigen Delfinen.

Die Menschen können jedoch nicht nur vom Umgang mit Delfinen profitieren, sondern ähnliche Sonarwellen selbst erzeugen. »Beim Obertonsingen wurde Ultraschall festgestellt, der aus der Stirn oberhalb der Nase austritt und ungefähr zehn Meter weit messbar ist. Im unteren Frequenzbereich der Delfine können wir also auch Ultraschall erzeugen«, erzählte Michael.

Ultraschall – so nennen wir die Klänge, die höher sind als 20.000 Hertz. Früher glaubte man, dass Menschen keinen Ultraschall wahrnehmen können, aber 1991 hat eine Studie der Universität von Virginia gezeigt, dass das vestibuläre System des Ohrs Ultraschall bis zu 280.000 Kilohertz wahrnehmen kann. Unter Wasser geht das sogar noch leichter, wie Martin Lenhardt von der Virginia Commonwealth University, Dr. Patrick Flanagan, Nassim Haramein und andere Wissenschaftler nachgewiesen haben, weil das Wasser Klänge besser leitet als Luft. »Menschen können durchaus Klänge im Bereich der Delfin-Frequenzen wahrnehmen«, erklärte Michael.

Entrainment bedeutet also, sich dem Signal anzupassen, welches man empfängt. In dem Seelenreisen-Traum hielt ich zwei Lineale in der Hand, ein durchsichtiges und ein blaues. Ich forderte die Teilnehmer auf, sich auf das durchsichtige Lineal zu konzentrieren und sich vorzustellen, dass es genauso aussieht wie das blaue. Die »blauen« Signale, die ich auf das durchsichtige Lineal fokussierte, bewirkten, dass es sich dem

Blau anpasste. Es wurde blau, weil ich es blau sah und weil die Schwingung eines blauen Lineals in der Nähe vorhanden war.

Entrainment erfolgt nach dem alten spirituellen Gesetz der Ähnlichkeit. Im Volksmund heißt es: Gleich und Gleich gesellt sich gern. Jeder, der anfängt, sich mit Metaphysik zu beschäftigen, lernt, dass unsere Gedanken Wirklichkeiten anziehen und erzeugen. Entrainment geht einfach noch einen Schritt weiter in die Welt des Erschaffens durch »Shapeshifting«, durch die Veränderung der Gestalt.

In Atlantis schrieb der Hohepriester Hermes Trismegistos auf die Smaragdtafeln die spirituelle Weisheit:

Wie oben, so unten.

Wie wir denken (oben), so werden wir erfahren (unten). Wie im Himmel (oben), also auch auf Erden (unten). Das Gesetz von Ursache und Wirkung folgt dem gleichen Prinzip. Jeder Gedanke wirkt.

»Alles ist Gedanke«, erzählte mir Hermes. »Affirmative Gebete richten deine Gedanken auf Dankbarkeit und Liebe aus. Diese hohen Schwingungen ziehen dann weitere Gründe für Dankbarkeit und Liebe in dein Leben. Es ist möglich, alles zu erschaffen, was dein Geist denken kann, woran du glaubst und wofür du freudig dankbar bist. Gedanken und Gefühle positiver Erwartung erzeugen eine passende Wellenlänge, die das erschafft, woran du denkst.«

Seine Worte erinnerten mich an eine Untersuchung, die ich in meinem Buch »Dein Leben im Licht« erwähnt habe. Darin wurde nachgewiesen, dass sich bei zwei Menschen, die nebeneinander meditieren, die Gehirnwellen synchronisieren, wodurch sie einander sehr viel leichter telepathische Botschaften schicken können.

Dies hängt möglicherweise mit einer Gruppe Gehirnzellen im Vorderhirn zusammen, die »Spiegel-Neuronen« genannt werden. Diese Zellen sind auf die gleiche Weise aktiv, egal ob wir selbst etwas Bestimmtes tun oder ob wir sehen, dass es jemand anderes tut. Diese Neuronen unterscheiden nicht, ob ich Ski laufe oder ob ich mir einen Film anschaue, in dem jemand Ski läuft. Sie reagieren auf dieselbe Weise. Die Wissenschaftler glauben, dass diese Spiegel-Neuronen eine Grundlage unserer Fähigkeit des Mitfühlens sind. Sie können auch mithilfe unserer Vorstellungskraft unsere Leistungsfähigkeit steigern. Sie stellen sich auf alles ein, was wir sehen – ein weiterer Grund, sich genau zu überlegen, auf welche Filme und Medien man sich einlassen will.

Die Anwendungsmöglichkeiten und Konsequenzen von Entrainment scheinen unbegrenzt zu sein. Vielleicht nehmen wir gar nicht die negativen Energien anderer Leute auf, wie wir bisher immer angenommen hatten, sondern stimmen uns auf den Ärger oder die Depression anderer Menschen durch Entrainment ein. Wenn das zutrifft, so müsste auch das Gegenteil stimmen. Dann müssten wir auch andere in eine höhere Schwingung versetzen können, indem wir unsere positive Haltung unter allen Umständen beibehalten. So haben wohl Jesus und andere Heilige, Avatare und Heiler die Menschen in ihrer Umgebung positiv beeinflusst.

Hermes illustrierte das spirituelle Gesetz des »Wie oben, so unten« mit einem Hexagramm aus zwei sich überschneidenden Dreiecken oder Pyramiden:

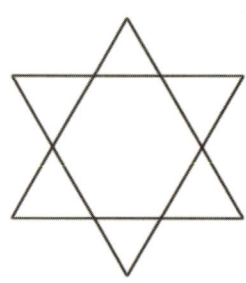

Dieses Symbol wurde später König David gegeben, der es an seinen Sohn König Salomon weitergab. Dieser gravierte das Zeichen in einen Ring ein, zusammen mit dem heiligen hebräischen Namen Gottes JHWH (Jahwe). Mit diesem Ring konnte Salomon die Engel anrufen, um ihm beim Bau des Tempels für die Bundeslade zu helfen. Die Symbole seines Ringes erhöhten die Energie des Tempels und schützten ihn und seine Erbauer vor niederen Energien.

Das Hexagramm gilt auch als das Zeichen Vishnus, der höchsten hinduistischen Gottheit, die in zehn menschlichen Avataren inkarnierte, unter anderem als Krishna und Buddha. Zuerst inkarnierte Vishnu als ein Meer-Mensch namens Matsya, der während der großen Flut die heiligen Veden rettete.

Worte und Symbole mit uralter Bedeutung wirken also durch Entrainment. Interessanterweise waren die Alchemisten der alten Zeiten davon überzeugt, dass das Hexagramm die Elemente Feuer und Wasser symbolisiert, wobei das Feuer oben gesehen wurde und das Wasser unten.

Wasser ist sehr empfänglich für Entrainment. Diese Eigenschaft bildet zum Beispiel die Grundlage der Homöopathie. Wissenschaftliche Untersuchungen haben auch gezeigt, dass Wasser Schwingungen weiterleitet, durch menschliche Emotionen verändert werden kann und Informationen über Substanzen in seiner Nähe aufnimmt (selbst wenn diese niemals mit dem Wasser in Kontakt gekommen sind).

Dr. Enzo Ciccolo vom HeartMath-Forschungsinstitut in Kalifornien und andere Wissenschaftler haben die elektromagnetischen Felder des Wassers von Lourdes und anderen Heilquellen untersucht. Sie berichten unter anderem:

»Wasser ist ein flüssiger Kristall mit einer flexiblen Gitternetz-Matrix, die sich vielen strukturellen Formen anpassen kann. Die Struktur des Wassers erlaubt ihm, unendlich viele Informationen zu speichern. Immer mehr Untersuchungsergebnisse bestätigen das intuitive, traditionelle Verständnis von Wasser als einem Vermittler zwischen der energetischen und der materiellen Welt, als einem Akkumulator, Transmitter und Umformer von Energiemustern und Informationen. Es gibt zahlreiche Hinweise auf die Fähigkeit des Wassers, Energiemuster zu speichern, mit denen es in Kontakt war, und sich Schwingungsfrequenzen über längere Zeit zu ›merken‹. Die Homöopathie zum Beispiel beruht auf der Fähigkeit des Wassers, in seiner strukturellen Matrix den energetischen Abdruck oder die Schwingungssignatur einer physischen Substanz zu speichern.

Ein besonders eindrucksvolles Beispiel für das ›Gedächtnis‹ des Wassers für energetische Informationen sind die heiligen Quellen an vielen Marienheiligtümern Europas wie in Lourdes, Mediugorje, Fatima oder Montichiari, an denen Marienerscheinungen und viele Heilungen stattgefunden haben. Von den seit alters für ihre Heilkraft berühmten Quellen glauben die Menschen, dass sie die Frequenzen jener spirituellen oder höheren Energien enthalten, die an dem jeweiligen Heiligtum verehrt werden.

Die wissenschaftlichen Untersuchungen haben gezeigt, dass dieses Marienwasser einzigartige Eigenschaften besitzt, die es durch Verdünnungsprozesse auch an normales Wasser übertragen kann. An der Universität von Milano wurde bewiesen: Schon eine geringe Menge von Marienwasser bewirkt, dass normales Leitungswasser seinen pH-Wert, seine Leitfähigkeit und sein Redox-Potenzial verändert.

Die Kristallisation von Lösungen ist ein Phänomen, mit dem sich äußerst subtile Einflüsse sichtbar machen lassen. Wir haben gezeigt, dass Lösungen mit Natriumchlorid, Natriumchlorid mit Albumin und Kupferchlorid, denen wir geringe Mengen von Wasser aus Mediugorje beigaben, feiner aufgefächerte Kristallisationsmuster entwickeln als die Kontrolllösungen. Die Bilder ähnelten jenen, die in Lösungen beobachtet wurden, die dem bioenergetischen und magnetischen Feld von Heilern ausgesetzt wurden.«

Wasser aus Heilquellen, die der Mutter Maria gewidmet sind, unterscheidet sich also strukturell von anderem Wasser. Es enthält die Herzensgebete und die Liebe, die mit Mutter Maria und den Engeln in Verbindung gebracht wird. Und offensichtlich lässt sich diese Energie auf normales Wasser übertragen.

Auch das Wasser in unseren Zellen reagiert durch Entrainment auf Gebete und Heilenergien, genauso wie auf negative Gedanken und schädliche Energien. Ich dachte an die Botschaft, die ich von Sri Dhanvantari, dem Begründer von Ayurveda, empfangen hatte, der uns riet, über allen Flüssigkeiten zu beten, die wir verwenden, sogar über Augentropfen, Shampoo, Fruchtsaft und dergleichen, um sie mit Heilenergie aufzuladen.

Und während viele über die Fähigkeit des Wassers, Gedanken, Gefühle und andere Energien durch Entrainment aufzunehmen, redeten und Berichte verfassten, erbrachte ein Mann die sichtbaren Beweise: Dr. Masaru Emoto, ein japanischer Wissenschaftler, fotografierte Kristalle von Wasser, welches bestimmten Worten oder Bildern ausgesetzt war. Die wundervollsten und am harmonischsten ausgeformten Kristalle bildeten sich, nachdem Wasser solchen Worten wie »Liebe« und »Dankbarkeit« ausgesetzt war.

Ich wusste, dass ich Dr. Emoto kennenlernen wollte. Während ich eines Tages über meinem Trinkwasser betete, bat ich die Engel und Göttinnen, solch ein Treffen zu arrangieren. Ein friedvolles Gefühl in meinem Bauch bestätigte mir, dass mein Wunsch erfüllt werden würde. So ließ ich alle Gedanken darüber los, wie solch eine Begegnung zustande kommen sollte, und dankte einfach den Göttinnen und Engeln für ihre Hilfe.

22
Readings

Ich spürte eine starke geistige Präsenz. Leon entschuldigte sich dafür, dass er mich auf Umwegen zur Bühne führte, aber ich meinte nur, das sei gut so. »Auf diese Weise kann ich das Phantom der Oper kennenlernen.« Im Stillen bat ich das Phantom um Erlaubnis, unsere »Show« hier abziehen zu dürfen und uns an diesem Abend zu unterstützen. Ein paar Minuten später begegnete ich hinter der Bühne Gordon Smith.
»Hier gibt es ein Theatergespenst«, berichtete er.

Der Geist half mir tatsächlich an jenem Abend oder störte uns zumindest nicht. Ich hatte eine Vision, dass meine Freundin Judith Lukomski auf der Galerie im Publikum sitzt. Ich wusste, dass Judith sich zurzeit nicht in Australien befand, sondern dass dies ein Geschenk der geistigen Welt für meine Readings war. Also ging ich auf die Bühne und fragte: »Gibt es auf der Galerie eine Judy oder Judith?« Zwei Frauen hoben die Hand. Dann sah ich einen Fernseher. Mein Gefühl sagte mir, dass die richtige Judith beim Fernsehen arbeitete. Als ich das sagte, stellte sich heraus, dass eine von den beiden tatsächlich beim Fernsehen war, und ich gab ihr eine Reihe von Botschaften aus meinen Visionen und meinen Empfindungen.

Als Nächstes hörte ich den Namen Dahlia und fühlte mich zur rechten Seite des Publikums hingezogen. Ich hatte diesen

Namen noch nie zuvor gehört, und einige Teilnehmerinnen riefen Namen wie Debbie oder Donna, doch die geistige Stimme wiederholte »Dahlia«, also bestand ich darauf, dass es sie auch geben musste.

Schließlich hob eine Frau aus den hinteren Reihen ihre Hand. Ihr Name sei Dahlia, sie sei nur so erschrocken darüber gewesen, dass ich ihren Namen aufgerufen hatte.

Ich erzählte Dahlia, dass ich sie in Ägypten sah. »Ich bin gerade auf eine Ägyptenreise eingeladen worden!«, erwiderte sie erstaunt. »Ich bin mir nur noch nicht sicher, ob ich die Einladung annehmen will.« Ich übermittelte ihr die Botschaft der Engel, dass sie unbedingt hinfahren solle.

Der Rest des Abends verlief genauso gut.

Wir fuhren weiter nach Melbourne zum nächsten Workshop. Vor meinem Auftritt visualisierte ich, dass meine Readings zutreffend und mit Segen erfüllt seien und dass das Publikum mit allem sehr zufrieden sei. Ich stellte mir das vor, was ich mir wünschte, anstatt mich auf die Ängste vor Blockaden zu konzentrieren, die jedes Medium kennt. Diese Visualisationen helfen mir sehr dabei, in meinen Readings genaue Informationen zu erhalten.

Die Veranstaltung in Melbourne fand in einem Freimaurer-Gebäude statt. Ein Freimaurer des 18. Grads führte mich in der Loge herum und zeigte mir die Symbole und das große G für »Gott, der Große Architekt und Geometer«, welches an der Decke hängt. So, wie ich es erbeten und visualisiert hatte, waren auch die Readings in Melbourne zutreffend und voller heilender Botschaften.

Die nächste Station auf unserer Wirbeltour war Brisbane. Um mich zu erholen, ging ich in den Botanischen Garten von Brisbane. Ich lehnte mich an einen großen Banyan-Baum mit einem riesigen Stamm und großen Wurzeln.

»Komm näher«, hörte ich ihn flüstern. »Meine Wurzeln können die Energien in die Erde ableiten und entsorgen.«

Ich legte mich rücklings auf eine große Wurzel, und der Baum forderte mich auf, all meine »Gifte« ihm zu überlassen und die liebevolle Energie aufzunehmen, die er mir anbot. Ich atmete das Geschenk des Baumes ein und meine Erschöpfung aus. Ich fühlte mich augenblicklich neu belebt.

Doktor Angeli

Von Brisbane reisten wir auf die andere Seite Australiens nach Perth. Während ich hier weiter dem Publikum Readings gab, sah ich einmal Dino, den Dinosaurier der Flintstones, auf der Galerie im Publikum sitzen. Mein Krafttier heißt zwar auch Dino, aber ich wusste, dass diese Vision auf jemanden namens Dino oder Dina hinwies, der dort saß.

»Gibt es dort oben einen Dino oder eine Dina?«, rief ich.

Eine Frau stand auf. Auch aus den unteren Reihen meldete sich eine Dina, aber ich hatte den Dinosaurier auf der Galerie gesehen, also musste es diese Frau sein.

Im Schatten der vollen Galerie konnte ich Dina kaum sehen. Zweitausend Leute schauten mir zu, während ich mich ganz auf meine inneren Bilder, Gefühle und Gedanken verlassen musste.

Ich hatte gelernt, ohne zu zögern zu berichten, was ich innerlich sah, selbst wenn es keinen Sinn zu machen schien. Manchmal zeigten sich die Botschaften auch als ein inneres Wissen oder ein Gefühl im Bauch.

Wie auch immer sich die göttliche Führung bemerkbar machte, ich sagte es ins Mikrofon.

Ich sah das Bild von einem Herzen, welches über Dina hing, und hatte das starke Gefühl, dass ihr vor Kurzem das Herz gebrochen war. Als ich das sagte, begann Dina zu weinen und bestätigte es.

Dann sah ich Blut und Verbandszeug und hörte das Wort »Blutung«.

»Das ist richtig. Ich arbeite als Krankenschwester in der Notaufnahme und habe heute gerade einem schwer blutenden Patienten geholfen«, antwortete Dina.

Ich erzählte ihr, dass diese Botschaft eine doppelte Bedeutung habe, sowohl in Bezug auf ihre Arbeit als auch auf ihren Herzenskummer. Ich übermittelte ihr einige Botschaften aus dem Engelreich über ihr Liebes- und Arbeitsleben. Ich war froh, dass ich mich ganz auf meine inneren Sinne verlassen konnte, denn ich sah die Frau fast überhaupt nicht. Ich konnte nur hören, dass sie immer wieder bestätigte, was ich übermittelte.

Am nächsten Morgen klingelte mein Wecker um sechs Uhr, damit ich noch etwas Sport machen konnte, bevor ich wieder Bücher signieren sollte. Während meiner Gymnastik verdrehte ich meinen unteren Rücken, und ein Wirbel sprang heraus. Das war mir im vergangenen Jahr in Perth schon einmal passiert.

Manche meinen, wie großartig es sei, so durch die Welt zu reisen und überall Vorträge zu halten, ohne sich klarzumachen, wie viel Langeweile und Herumschlepperei damit verbunden ist. Bei unserer Australien-Tour bestand unsere Truppe aus zwölf Personen und diversem Gepäck und Bühnenmaterial. Die Leute an den Ticketschaltern verdrehten schon immer die Augen, wenn wir einen Flughafen betraten.

An jenem Abend im Flughafen von Perth begann ein Qantas-Mitarbeiter daran herumzumeckern, dass wir zu viel Bordgepäck hätten. Wir sollten alles aufgeben, was mehr als 4 Kilo pro Person wog. Ich rief die mächtigen Hindu-Götter Kali und Ganesha an und bat auch den Erzengel Raphael um Hilfe. Kali und Ganesha sind wunderbar, wenn es darum geht, Hindernisse zu überwinden, und Raphael ist der Schutzengel der Reisenden. Sie alle haben mir auf meinen Reisen schon unzählige Male geholfen. Zuerst wollte man mich mit meinem Kristallstab und meinem Laptop-Computer nicht durchlassen, doch dann gab der Qantas-Mann nach, und wir konnten ohne weitere Probleme durchgehen. Danke Kali, Ganesha und Raphael!

Am nächsten Morgen schmerzte mein Rücken so stark, dass ich mich darum kümmern musste. Als ich mir im Jahr zuvor den Rücken ausgerenkt hatte, war ich erst zu Hause zu einem Chiropraktiker gegangen, der ihn mir auch gleich beim ersten Besuch wieder eingerenkt hatte. Doch diesmal brauchte ich schneller Hilfe.

Steven und ich beteten, dass wir einen guten Chiropraktiker finden würden. Es war mir sehr unangenehm, mich in einer fremden Stadt in einem fremden Land ohne persönliche Empfehlung einem Chiropraktiker überlassen zu müssen.

»Bitte, Gott und alle Engel, helft mir, jemanden zu finden, der ohne Medikamente oder Bestrahlungen mit einem Besuch meinen Rücken wieder einrenken kann«, betete ich.

Wir baten den Herrn an der Rezeption unseres Hotels, einen Chiropraktiker ausfindig zu machen, zu dem ich noch an diesem Tag gehen konnte. Eine Stunde später meinte er, kaum ein Chiropraktiker habe heute noch etwas frei. »Einen habe ich noch auf meiner Liste, den werde ich jetzt anrufen«, sagte er.

Während wir beim Frühstück saßen, kam er aufgeregt zu uns gelaufen. Der letzte Arzt auf seiner Liste hatte gerade eine Absage für halb vier erhalten. Am Abend sollte ich einen Vortrag halten, es passte also wunderbar.

Ich sorgte mich etwas bei dem Gedanken, zu einem Chiropraktiker zu gehen, den wir einfach so aus dem Telefonbuch herausgefischt hatten, doch dann überkam mich ein so friedvolles Gefühl, dass ich mir sicher war, alles lag bestens in Gottes Hand. Ich wusste, dass Gott mir einen wunderbaren Chiropraktiker besorgt hatte und meine Gebete sich erfüllen würden. Als wir zu seiner Praxis kamen, zeigte Steven auf das Namensschild: Michael Angeli. Der Erzengel Michael hatte mich einmal wieder beschützt, indem er mich zu seinem Namensvetter schickte.

Tatsächlich sah Dr. Angeli mit seinen großen braunen Augen und seinem zarten Lächeln aus wie ein inkarnierter Cherubim. Als ich ihn nach seinem Nachnamen fragte, erklärte er, dass er auf Italienisch »Engel« bedeute. Dr. Angeli renkte ganz sanft meinen Rücken wieder ein, ohne Bestrahlung oder Medikamente, ganz so, wie ich es mir gewünscht hatte.

Als ich zum Hotel zurückfuhr, erklärten mir die Engel, dass diese Erfahrung mein Vertrauen stärken solle. Ich begann, mit der Affirmation »Ich vertraue, ich vertraue« diese neue Erfahrung zu verankern. Auf dieser Tour lernte ich wirklich meiner inneren Weisheit genug zu vertrauen, um alles zu sagen, was ich sah, spürte, dachte oder hörte.

Mir wurde gesagt, ich solle meine Affirmation erweitern, indem ich sage: »Ich vertraue meinem inneren Vorrat und Überfluss an Weisheit. Ich vertraue in allen Situationen. Alles ist in göttlicher Ordnung und verläuft ganz nach Plan, selbst wenn ich diesen Plan nicht erkennen oder verstehen kann. Ich vertraue. Ich vertraue mir selbst. Ich weiß, dass wir uns selbst leichter vertrauen, wenn wir unserer göttlichen Führung mit Integrität folgen.«

Der Heiltempel

In Sydney gab ich einen dreitägigen Engel-Intensivkurs. Die Tour durch Tahiti und Australien hatte mich erschöpft, und ich fühlte mich erholungsbedürftig. Zum Glück erkannte eine Frau aus meinem Engel-Training, dass ich ein bisschen Bemutterung brauchte. Sie brachte mir einen warmen Kräutertee mit Honig für meinen Hals, der nach all den Vorträgen ganz rau geworden war. Elisabeths Energie war reines Geben. Sie wollte nichts für sich. Sie war mir ein richtiger Erden-Engel!

An jenem Abend im Hotel erzählte ich Steven, dass ich wiederholt Visionen von Pyramiden hatte, in denen Priesterinnen wohnten, die mir Gebete und Energien schickten. »Ich wünschte, ich könnte in diesen Tempel gehen und mir eine große Welle Heilungsenergie abholen«, meinte ich.

»Warum tust du es nicht?«, fragte Steven.

Ich erinnerte mich wieder daran, dass der Geist keinen Unterschied kennt zwischen vorgestellter und »wirklicher« Realität, also sah und spürte ich, wie ich mit all den himmlischen Priesterinnen in der Pyramide bin und Wellen von Gebeten und farbiger Energie empfange, die wie in einer Autowaschanlage kraftvoll über mich brausen. Mein Körper erbebte, während er viel von dem psychischen Müll, den Anhaftungen und Giften losließ, die ich im Laufe der Tour aufgesammelt hatte. Jetzt war ich erholt genug, um nach Kalifornien zurückzukehren.

Mut

Zurück in Laguna Beach, beschlossen Lynette und ich, unsere Tauchausbildung fortzusetzen. Ein Engel-Therapeut und Tauchlehrer namens Dave Ferrulo bot an, uns einen Privatkurs zu geben. Der erste Schritt bestand darin, auf neunzig Fuß Tiefe zu tauchen. Dave, Lynette und ich nahmen an einem kühlen Dezembermorgen die Fähre zur Catalina-Insel. Wir trugen zwar volle Neoprenanzüge mit Kapuzen, Westen, Handschuhen und Stiefeln, aber das 10 Grad kalte Wasser erschreckte uns trotzdem. Lynette wurde ganz blass im Gesicht vor Kälte, und ich überlegte schon, ob wir das Ganze nicht abbrechen sollten. Doch als wir losschwammen, fühlten wir uns langsam besser. In den Neoprenanzügen bleibt man warm, weil eine dünne Wasserschicht direkt am Körper von diesem erwärmt wird und eine Isolierschicht bildet.

Die wunderbaren Algenfelder bei Catalina lenkten mich von der Kälte ab. Die Ranken ziehen sich wie in einem Aquarium von der Wasseroberfläche bis zum Meeresboden hin. Sie sind so dick wie ein Teller und stehen in etwa einem Meter Abstand voneinander. Fröhlich schwammen Lynette und ich zwischen ihnen durch das himmelblaue Wasser.

Dann wies Dave auf seinen Tiefenmesser und winkte uns, ihm zu folgen. Ich schluckte, denn jetzt war es Zeit, um auf neunundzwanzig Meter zu tauchen. Bislang waren fünfzehn Meter mein Rekord gewesen. Ob ich es schaffte, doppelt so tief zu gehen? Ich bat den Erzengel Michael, mich zu beschützen und mir Mut zu geben.

Lynette fragte mich durch Handzeichen, ob alles in Ordnung sei. Ich vermittelte ihr, dass ich ängstlich sei und lieber in flacheres Wasser zurückkehren wollte. Lynette tauchte kurz ab und kam mit einer wunderschönen, leeren Seemuschel zu mir zurück. Sie überreichte sie mir und drückte sie mit meiner Hand auf mein Herz. Sofort fühlte ich mich sicher, geliebt und geschützt.

Wir schwammen nach unten, bis wir nichts mehr außer blauem Wasser sahen. Die Algen und die Fische lagen hinter uns in Küstennähe. Mein Tiefenmesser zeigte fünfundsiebzig Fuß, und ich machte den Fehler, nach oben Richtung Wasseroberfläche zu schauen. Das war ein langer Weg! Ich griff nach meinem Muschel-Talisman, der mich an die Macht der Liebe erinnerte. Wir schwammen immer weiter, bis Dave auf meinen Tiefenmesser zeigte. Neunundzwanzig Meter! Wir hatten es geschafft!

Wir kehrten um und tauchten noch eine Weile in der angenehmeren Zone um vierzig Fuß zwischen den Algen und den orangenen Garibaldi-Fischen. Nach unserem Tauchgang erklärte mir Lynette, dass ihre innere Führung sie angewiesen habe, mir die Muschel zu geben. In meiner Angst war ich in der Lage gewesen, mich durch Entrainment auf die Liebe einzulassen, welche die Engel und Lynette in die Muschel gelegt hatten. Dieser Talisman hatte mir Mut gegeben. Ich legte die Muschel liebevoll wieder auf den Meeresboden, um diese natürliche Welt so wenig wie möglich zu beeinträchtigen.

Meine Tauchleistung spornte mich auch in anderen Bereichen zu mehr Selbstvertrauen an. Ein paar Tage später begegnete ich wieder einer Freundin namens Andrea, bei der ich normalerweise Interesse heuchelte, während sie mir von ihren

Schwierigkeiten erzählte. Diesmal sagte ich ihr jedoch die Wahrheit. Mit ruhigen und liebevollen Worten erklärte ich ihr, dass und warum ich sie gemieden hatte. Erstaunlicherweise zeigte sie Verständnis. Sei gab zu, dass sie selbst von ihrem Gejammer genug habe, und ihr war klar, dass sie ihre Schwierigkeiten anzog und selbst erzeugte. Sie wusste, dass sie Hilfe brauchte, und wollte sich in Therapie begeben, um herauszufinden, warum sie immer die gleichen Muster wiederholte. Als wir uns umarmten, erkannte ich, dass dies unser aufrichtigster Moment miteinander war. Ich war mir selbst und ihr gegenüber ehrlich gewesen.

Am nächsten Tag erfuhren Steven und ich, dass das Kaufverfahren für unser neues Haus nicht gut lief. Die Verkäufer hatten entdeckt, dass sie uns das Haus viel zu billig verkauft hatten. Sie versuchten, aus dem Verfahren auszusteigen, und es sah so aus, als ob es ihnen gelänge.

Wir wollten in zwei Wochen umziehen. Wir liebten unser neues Haus und waren uns sicher, dass es für uns bestimmt war. Wir hatten es visualisiert und uns vorgestellt, wie wir darin lebten. Wir wollten dieses Haus auf keinen Fall wieder verlieren!

Ich rief Kali um Hilfe, die mächtige Hindu-Göttin, die mir schon so oft geholfen hatte. Du brauchst sie einfach nur um Hilfe zu bitten und dann aus dem Weg zu gehen. Sie ebnet dir den Weg wie ein Wirbelwind.

Auch in diesem Fall machte sie den Weg frei, und der Kaufvertrag wurde erfolgreich abgeschlossen. Als unsere Maklerin April uns die Schlüssel überreichte, dankte ich der Göttin im Stillen für alles, was sie für uns getan hatte.

In der folgenden Woche erzählten mir meine Freunde Karen und Evie, dass es ihnen ähnlich erging. Die Leute, von denen sie ihr neues Haus kaufen wollten, versuchten auszusteigen. Ich erzählte den beiden, wie Kali uns geholfen hatte, und sie riefen Kali sofort um Hilfe an. Und obwohl die Situation ziemlich hoffnungslos gewesen war, bekamen Karen und Evie ihr Haus! Danke, Kali!

23
Wasserquelle

Steven und ich fuhren zum La Jolla Hilton, um uns mit Dr. Masaru Emoto und seinem Sohn Hiro zu treffen. Dr. Emoto, der Autor des Buches »Die Botschaft des Wassers«, sollte an jenem Abend in San Diego an der University of California einen Vortrag halten und hatte sich einverstanden erklärt, uns vorher ein Interview zu geben. Ich hatte die Göttinnen und Engel um eine Begegnung mit ihm gebeten, und meine Gebete waren erhört worden.

Auf dem Weg in sein Hotel rief ich dort an, um unser Treffen zu bestätigen. Man sagte mir, dass Dr. Emoto und sein Sohn noch nicht im Hotel seien. Als wir ankamen, erfuhren wir das Gleiche. Steven und ich beschlossen, in der Lobby zu warten. Ich bat Merlin, Raziel und Michael um Hilfe.

Ungefähr zwanzig Minuten später sah ich einen jungen Japaner, den ich für Hiro Emoto hielt. Ich ging zu ihm und sprach ihn an. Er war ganz erleichtert, mich gefunden zu haben. »Wir sind gerade erst angekommen und essen etwas zu Mittag«, erklärte er. »Könnten Sie noch eine Viertelstunde warten?« Ich war nur froh, dass das Interview nicht geplatzt war, und wartete gerne.

Eine Viertelstunde später erschien er mit seinem Vater Dr. Emoto, der zu den seltenen Menschen gehört, die tatsächlich so aussehen wie auf ihren Werbefotos. Wir setzten uns zu viert um einen der Tische in der Lobby, und ich schenkte ihnen drei meiner Orakelkarten-Sets, die auf Japanisch übersetzt waren.

Ich fragte Dr. Emoto, wie er sich erkläre, dass alle von ihm fotografierten Wasserkristalle sechsstrahlig seien.

»In der Geometrie ist das Hexagramm die beste Form, um Energie zu erzeugen«, erklärte er. »Ein Hexagramm besteht aus zwei verschränkten Dreiecken, wie beim Davidsstern.« Hier war sie wieder, die Verbindung zwischen Wasser und dem Hexagramm.

Ich öffnete sein Buch auf der Seite mit den Fotos von dem Wasser aus Lourdes und dem Wasser, dem das Wort »Engel« gezeigt worden war. Die beiden Bilder ähnelten sich. Ich fragte, warum diese Kristalle keine klaren Hexagramme bildeten, und er wies darauf hin, dass sie Ringe aus Hexagrammen gebildet hatten, was ein noch stärkerer Ausdruck sei.

»Was meinen Sie, warum das Wasser aus Lourdes und das Engel-Wasser so ähnliche Kristalle bilden?«, fragte ich.

»Die erste Heilung in Lourdes kam von Maria, und sie ist mit den Engeln verbunden«, erwiderte er.

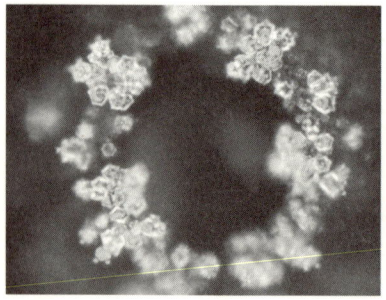 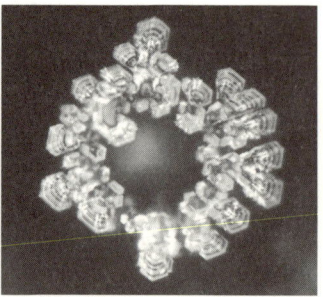

Links: Kristall aus Wasser, dem das Wort »Engel« gezeigt wurde
Rechts: Kristall aus Wasser von Lourdes

Ich erinnerte mich gut daran, wie stark ich die Energie der Engel in der Grotte in Lourdes gespürt hatte.

In seinem Buch berichtet Dr. Emoto auch von der Annahme, dass Wasser aus dem Weltraum stamme und in Form von Eisklumpen auf der Erde gelandet sei. »Wenn wir von der Hypothese ausgehen, dass Wasser außerirdischen Ursprungs ist, dann können wir seine Eigenschaften besser verstehen. Warum schwimmt Eis? Warum kann Wasser so vieles auflösen? Wenn wir annehmen, dass Wasser nicht aus dieser Welt stammt, sind diese Rätsel vielleicht eher zu verstehen.«

Ich fragte Dr. Emoto, ob er glaube, dass diese Eisklumpen auch DNS enthielten und ob die DNS vielleicht auch außerirdischen Ursprungs sei.

Er nickte und sagte: »Die Eiskometen aus dem Universum sind der Ursprung des Wassers. Der Ursprung der DNS kam hier in Form eines Wasserkristalls an.«

Delfine und Atlantis

Ich fragte Dr. Emoto nach den Delfinen, und Hiro zeigte auf ein Kristallbild in dem Buch »Die Antwort des Wassers«. Nachdem Wasser auf dem Bild eines Delfins gestanden hatte, hatte sich ein wunderschöner hexagonaler Kristall gebildet.

Dr. Emoto wies auf eine blumenförmige Struktur in dem Kristall hin. In den anderen Kristallen hatte ich noch keine ähnliche Struktur gesehen.

»Es sieht aus wie ...« Dr. Emoto wandte sich in Japanisch an seinen Sohn, und Hiro, der unser Gespräch bis dahin übersetzt hatte, tippte es in einen kleinen Übersetzungscomputer ein. Sie bemühten sich, den richtigen Begriff zu finden. Schließlich drehte Hiro den Computer zu Steven und mir.

»Eine Zirbeldrüse!«, riefen wir beide gleichzeitig aus. Wir schauten noch einmal auf den Delfin-Kristall, und tatsächlich:

Seine Mitte sah aus wie jene Drüse, die in unserem Kopf hinter dem Dritten Auge sitzt.

Ich tippte auf mein Drittes Auge, um Dr. Emoto zu zeigen, dass ich die Bedeutung verstand. Er nickte und sagte: »Die Menschen kamen aus dem Universum, und wir haben eine Antenne, die uns mit dem Universum verbindet. Diese Antenne ist unsere Zirbeldrüse. Manche Menschen sind unempfindlich und benutzen ihre Antenne nicht, aber die Delfine benutzen sie noch. Delfine sind für uns wie Brüder und Schwestern. Sie leben noch frei in den Weltmeeren. Das ist einer der Gründe, weshalb sie ihre Antennen noch so gut einsetzen können.«

Kristall aus Wasser, das die Fotografie
eines Delfins bedeckt hatte

Ich fragte Dr. Emoto, ob er meinte, dass auch die Menschen einst im Wasser gelebt haben.

»Natürlich!«, rief er aus. »Wir haben einst im Meer gelebt.«

»Glauben Sie an Atlantis?«, fragte ich ihn.

»Ich habe einst in Atlantis gelebt«, erwiderte er.

»Ich auch!«, rief ich begeistert, und Dr. Emoto strahlte.

»Ich habe von Atlantis geträumt«, erklärte er. »Die Menschen machen heute die gleichen Fehler wie wir damals.«

Er sprach darüber, dass Wasser ein Spiegel des menschlichen Geistes sei und dass wir uns mehr um unser Wasser und um unsere Gedanken kümmern müssten.

Ich fragte Dr. Emoto, ob er kommerziell abgefülltes Trinkwasser für gesund halte, und er meinte: Ja, solange wir es mit Liebe und Dankbarkeit segnen.

Dann wollte ich wissen, ob er Liebe für eine aktive, männliche Energie und Dankbarkeit für eine empfängliche, weibliche Energie halte.

Er lachte. »Ich glaube das schon, aber als ich meiner Frau davon erzählte, wurde sie wütend.« Er erklärte: »Gemeinsam sind Liebe und Dankbarkeit äußerst mächtig, und die Vereinigung dieser beiden Schwingungen erzeugt die allerschönsten Kristalle. Ich glaube, dass H_2O bedeutet: zwei Teile Dankbarkeit und ein Teil Liebe. Das ist die mächtigste Formel von allen! In Zukunft wird Wasser noch viel mehr zum kritischen Faktor werden«, fuhr er fort. »Manche Leute wissen, dass wir die Wasserverschmutzung durch Gebete reduzieren können. Die Leute werden immer aufmerksamer für Wasser, denn immer mehr Menschen erkennen, wie wichtig Wasser ist.«

Wir stellten uns für ein Foto zusammen, und Steven bat Dr. Emoto zu lächeln.

»Unmöglich«, gab er schlagfertig zurück. »Ich bin Japaner.«

Auf unserem Heimweg erinnerte ich mich an die Botschaft von Mutter Maria an der Quelle in Lourdes, in der sie mich bat, den Kindern zu helfen. Ich erinnerte mich auch an Artemis, die mir in Sedona das Gleiche gesagt hatte. Ich hatte schon zahlreiche Interviews und Seminare über die Indigo-, Kristall- und Regenbogenkinder gegeben, aber es gab noch mehr für mich zu tun.

Ich lud meine Trinkwasserflasche mit der Absicht auf, meinen göttlichen Auftrag, Kindern zu helfen, besser zu verstehen. Ich bat Mutter Maria, Artemis und Erzengel Metatron, mich genau wissen zu lassen, wie ich helfen könnte.

Einen Augenblick später hatte ich die Antwort. Mit meinen therapeutischen Erfahrungen zum Thema Essstörungen war es mir ein Anliegen, für gesünderes Schulessen zu sorgen. Mich schüttelte es bei dem Gedanken, wie viele Schulen überall auf der Welt den Kindern Fast Food servieren und was das für die Gesundheit, die Leistungen und die Stimmung der Kinder bedeutet.

In einer Vision wurde mir gezeigt, wie ich helfen kann: Ich würde eine Website erstellen, auf der frei herunterzuladende Grafiken zeigen, warum in den Schulen gesünderes Essen angeboten werden muss. Die Eltern und andere interessierte Erwachsene konnten damit zu den Schulen gehen. Manche Schulen hatten unter dem Druck der Eltern schon alle Softdrinks und Fast-Food-Angebote abgeschafft.

Als wir zu Hause waren, gab ich einer Biologin den Auftrag, die Grafiken zu erstellen, und rief eine entsprechende Webseite ins Leben.

Eine große Frau mit freundlichem Gesicht stand vor mir und bat mich, ihr Buch zu signieren. Ich schaute auf. »Sind Sie Griechin?«

Sie nickte, und ich umarmte sie herzlich. Seit ich auf der griechischen Insel Santorin war, einem Überbleibsel von Atlantis, liebte ich das warmherzige Volk der Griechen.

Sie bat mich, ihr eine Botschaft in ihr Buch zu schreiben. Sofort schrieb die Göttin Kali durch mich:

> Ich bin eine göttliche Kriegerin
> für den Frieden,
> genau wie du.
> In Liebe, Kali.

»Delfine! Delfine!« Steven rüttelte mich wach, und die Griechin verschwand mitsamt ihrem Buch in die Traumwelt. Steven zeigte aus dem Fenster unseres neuen Zuhauses. Dort schwamm eine große Gruppe Delfine vorbei. Eine große Welle brach sich, und die Delfine surften auf ihr auf den Strand zu. Zu unserer großen Freude sprang einer von ihnen sogar über die Welle.

Ich war zu Hause … mit meiner Familie, den Göttinnen, den Engeln und den Delfinen.

Teil 2

Anwendung

Zusammenarbeit mit den Göttinnen und Engeln

Du kannst dich an die Göttinnen und Engel um Hilfe wenden, um deine persönliche Kraft zu stärken, dein Vertrauen zu vertiefen und deine Fähigkeit, zu heilen und zu manifestieren, zu entwickeln. Die Göttinnen und Engel stehen dir gerne hilfreich zur Seite und unterstützen dich bei allem, was auf einer liebevollen Absicht beruht.

Zuordnung der Göttinnen und Engel zu den Elementen

Wasser
Aphrodite, Asherah, Ixchel, Morgaine Le Faye, Sedna, Yemanya

Feuer
Brigit, Kali, Pele, Sekhmet, Vesta

Luft
Arianrhod, Freyja, Nut

Erde
Bast, Demeter, Mawu, Persephone

Mütterliche Schöpfungsgöttinnen

Aine, Arianrhod, Asherah, Hathor, Ishtar, Ixchel, Mawu, Sophia, Yemanya

Göttinnen und Engel für verschiedene Situationen

Schönheit
Aphrodite, Erzengel Jophiel, Hina, Isis, Pele, Sedna, Xochiquetzal

Ein Heim erwerben
Abundantia, Erzengel Ariel, Hekate, Hina, Kali, Lakshmi, Vesta

Kinder
Artemis, Demeter, Erzengel Gabriel, Erzengel Metatron, Hathor, Ixchel (Geburt), Mutter Maria, Nut, Xochiquetzal

Hellsehen
Cerridwen, Freyja, Erzengel Raphael, Isis, Persephone, Kuan Yin

Selbstvertrauen
Artemis, Asherah, Astarte, Brigit, Erzengel Michael, Isis, Kali, Pele

Kreativität und Weisheit
Athena, Brigit, Cerridwen, Erzengel Gabriel (fürs Schreiben), Erzengel Sandalphon (für die Musik), Erzengel Zadkiel, Hekate, Hina, Isis, Ixchel, Kali, Sarasvati (für Musik und Kunst), Sophia, Xochiquetzal (für Webkunst)

Gerechte Ergebnisse und Lösungen
Arianrhod, Astarte, Athene, Durga, Erzengel Michael, Erzengel Raguel, Hathor, Ishtar, Maat, Rhiannon

Spaß, Spiel und Entspannung
Bast, Freyja

Gesundheit und Heilung
Asherah, Bast (für Katzen), Brigit, Erzengel Ariel (für Tiere), Erzengel Gabriel (für Kinder und Schwangere), Erzengel Michael, Erzengel Raphael, Isis, Ixchel, Kali, Lakshmi, Persephone, Rhiannon (für Pferde, gegen Kummer), Weiße und Grüne Tara

Harmonie in der Familie
Athene, Erzengel Chamuel, Erzengel Raguel, Hina, Isis, Ixchel, Sedna, Vesta

Kraft
Artemis, Athene, Brigit, Erzengel Michael, Kali

Manifestation und Schöpfung aus der Quelle
Arianrhod, Cerridwen, Demeter, Erzengel Ariel, Fairies, Freyja, Hekate, Hina, Isis, Ixchel, Kali, Morgaine Le Faye, Sekhmet, Yemanya

Geldfluss
Abundantia, Erzengel Ariel, Hekate, Hina, Lakshmi, Sedna

Körperstärke
Erzengel Michael, Nut, Sekhmet, Weiße Tara

Schutz
Artemis, Astarte, Brigit, Cerridwen, Erzengel Michael, Hathor, Hekate, Hina, Isis, Kali, Sekhmet, Xochiquetzal

Romantische Liebe
Aphrodite, Arianrhod, Astarte, Erzengel Chamuel, Erzengel Raguel, Freyja, Ishtar, Isis, Nut, Pele, Xochiquetzal

Reisen
Erzengel Michael, Erzengel Raphael, Hina, Isis, Kali.

Übersicht über die Göttinnen und Engel

Abundantia
Eine römische Göttin des Wohlstands, des Geldes und des Erfolgs. Abundantia schützt deine Ersparnisse und Investitionen. Sie kann bei größeren Anschaffungen wie einem Haus oder einem Auto unterstützend wirken. Die römische Legende sagt, dass Abundantia ein Füllhorn mit Münzen und Korn bei sich trägt, welche sie Schlafenden als Geschenk überlässt. Du kannst Abundantia bitten, dir bei allem zu helfen, was mit Geld zu tun hat.

Aine
Der Name dieser irischen Sonnen-, Mond- und Fruchtbarkeitsgöttin der Umwelt, des Schutzes, der Liebe und der Frauen be-

deutet »hell«. Sie ist eine Zauberfee, die dem Gras seinen süßen Duft verleiht. Sie wird in der Mittsommernacht durch einen Fackelzug geehrt. Du kannst Aine um psychischen und physischen Schutz bitten, um Zauber und Bannsprüche – und um dich mit den Feen zu verbinden.

Aphrodite
Der Name dieser griechischen Göttin der Liebe und Schönheit bedeutet »Schaumgeborene«, denn sie entstand, nachdem ihr Vater, der Himmelsgott Uranos, den Leib des Meeres befruchtet hatte. Obwohl die schöne Aphrodite mit Hephaistos verheiratet war, hatte sie zahlreiche Affären mit anderen griechischen Göttern. Deshalb gilt sie als eine Göttin der romantischen Liebe, der Sexualität, der Schönheit und der Leidenschaft. Du kannst sie bei all diesen Themen um Hilfe bitten.

Arianrhod
Die walisische Mond- und Fruchtbarkeitsgöttin Arianrhod ist die Tochter Danas, der göttlichen Mutter der irischen Tuatha Dé Danann. Ihr Name bedeutet »Silberrad«, ein Hinweis auf ihre magische Verbindung zum Mond. Sie behauptete, Jungfrau zu sein, aber eine Überprüfung des Zauberers Math zeigte, dass sie schwanger sei. Bald darauf gebar Arianrhod Zwillinge, von denen einer ein Wassermann war. Arianrhod gilt als magische Weberin und wird oft angerufen, um Zaubersprüche zu »weben«.

Artemis
Diese griechische Mondgöttin und Beschützerin der Frauen, Kinder und Tiere ist die Zwillingsschwester von Apollon und die Tochter von Zeus. Sie wird oft mit der römischen Göttin Diana verwechselt, obwohl beide eigenständige Wesen mit unterschiedlichen Eigenschaften sind. Artemis trägt Pfeil und Bogen mit sich und verbringt den größten Teil ihrer Zeit in

den Wäldern bei den wilden Tieren. Du kannst sie um Schutz für dich selbst, deine Kinder oder Tiere bitten und um Hilfe bei der Entbindung. Sie unterstützt auch Frauen darin, innere Kraft und Mut zu entwickeln, vor allem, wenn es darum geht, anderen Frauen, Kindern, Tieren oder der Umwelt zu helfen.

Asherah
Diese kanaanitische weibliche Schöpfungsgottheit wird manchmal auch »Asherah des Meeres« genannt, weil sie ihre 70 Gottheiten umfassende Nachkommenschaft im Meer empfangen haben soll. In heiligen hebräischen Texten wird Asherah oft als die Gattin Gottes (Els oder Jahwes) bezeichnet. Die Kanaaniter widmeten ihr Holztotems, die sie ständig bei sich trugen. Sie beten auch zu ihr um Heilung. Rufe Asherah, wenn es darum geht, gut für dich selbst zu sorgen, zu heilen oder mutig zu deiner spirituellen Überzeugung zu stehen.

Astarte
Zu Asheras Nachkommen gehört auch Astarte, eine phönizische Göttin des Kriegs und der Liebe. Ihr Name bedeutet »Die aus dem Bauch kommt«. Sie wird mit dem Planeten Venus in Verbindung gebracht, und viele Tempel wurden ihr zu Ehren errichtet. Historiker setzen Astarte mit der ägyptischen Göttin Isis und der babylonischen Göttin Ishtar gleich, obwohl sie eine eigenständige Persönlichkeit und Energie hat. Die alten Mythen sprechen von Astartes Neigung, sich mit verschiedenen Göttern zu vereinigen. In Schlachten wurde sie um Weisheit und Schutz angefleht. Du kannst Astarte bitten, bei Auseinandersetzungen mit deinem Partner zu helfen, dich zu schützen und dich in tieferen Kontakt mit der Heiligkeit der Sexualität zu bringen.

Athene
Diese griechische Göttin der Weisheit wird auch Pallas Athene genannt. Sie trägt einen Helm, um ihre Rolle als weise Ratgebe-

rin in Konflikten und Kriegsgeschehen zu verdeutlichen. Sie ist auch die Hüterin des Webens, des Handwerks und der Kunst. Rufe sie, wenn du Weisheit oder Schutz brauchst oder dir Unterstützung bei Kunst und Handwerk wünschst.

Bast
Diese ägyptische Göttin wird oft als Löwin oder Katze dargestellt. Ihre besonderen Vorlieben gelten dem Tanz, der Musik und der Freude. Genau wie die Katzen ist sie äußerst unabhängig. Bitte sie um Hilfe, um die Dinge leichter zu nehmen, unabhängiger zu werden oder um deiner Hauskatze zu helfen.

Brigit
Diese alte keltische Sonnengöttin der Heilung, Fruchtbarkeit und des Schutzes wurde später in eine der Schutzheiligen Irlands verwandelt. Der erste Februar ist ihr heiliger Tag, an dem die Wiederkehr der Frühlingssonne gefeiert wird. Ihr zu Ehren brennt in der irischen Stadt Kildare eine Flamme, die an Brigits feuriges Temperament erinnert. Ihr Name bedeutet »Heller Pfeil« oder »Die Mächtige«. Brigit gilt als dreifache Göttin, das heißt, sie verkörpert sowohl das Mädchen als auch die Mutter und die Matriarchin. Deshalb kann sie praktisch in allen Lebenslagen um Hilfe gebeten werden. Besonders wirksam ist sie im Bereich der Motivation, der Kunst und des Handwerks.

Cerridwen
Cerridwen ist eine walisische Fruchtbarkeitsgöttin der Inspiration, der Kreativität, des Wissens, der Poesie und des Korns. Die Legende berichtet, dass sie für ihren Sohn einen Zaubertrank braute, weil er so hässlich war, dass sie ihn zum Ausgleich zum klügsten Mann der Welt machen wollte. Ein Diener half ihr bei der Zubereitung, kostete von dem Getränk und wurde augenblicklich allwissend. Dieser Legende zu Ehren wurden in alten keltischen Ritualen Kessel mit Wasser und Blumen erhitzt

und Cerridwen geweiht. Du kannst deine Kreativität verstärken, indem du einen Topf oder Kessel mit Wasser erhitzt und Cerridwen bittest, ihn zu segnen.

Demeter
Die griechische Erd- und Fruchtbarkeitsgöttin Demeter ist die Tochter von Hekate und die Mutter von Persephone. Gemeinsam repräsentieren sie den dreifachen Einfluss der Göttin auf den Wechsel der Jahreszeiten. Der Legende nach wurde Persephone von Hades entführt und in die Unterwelt verschleppt. Ihre Mutter Demeter trauerte so sehr um ihr Kind, dass sie die Erde vernachlässigte und nichts mehr wuchs. Schließlich half Zeus ihr, Persephone in der Unterwelt wiederzufinden. Während Demeters Besuch bei ihrer Tochter aß diese Granatapfelkerne. Sie durfte zwar mit ihrer Mutter auf die Erde zurückkehren, aber weil sie von den Früchten der Unterwelt gekostet hatte, musste sie jedes Jahr drei Monate lang in die Unterwelt zurückkehren – während des Winters, wenn nichts wächst und gedeiht. Demeter kann bei allem helfen, was in deinem Leben Frucht tragen soll. Du kannst sie auch einladen, um den Frühling und die Rückkehr ihrer Tochter Persephone zu feiern.

Erzengel Ariel
Der Name bedeutet »Löwin Gottes«. Sie ist ein Erzengel, das heißt, sie ist eine mächtige Überwacherin der Schutzengel und der Menschheit und hilft wilden Tieren, vor allem Wasservögeln und Seevögeln. Sie unterstützt auch bei der Manifestation von allem, was Mensch und Tier zum Leben brauchen. Rufe Ariel um Hilfe, um wilde Tiere zu heilen, für Umweltbelange und zur Manifestation.

Erzengel Chamuel
Sein Name bedeutet »Der Gott sieht«. Dieser Erzengel sieht alles und kann daher gut helfen, wenn etwas verloren gegangen

ist. Lausche aufmerksam auf seinen Rat, den er dir in Form von Gedanken, Gefühlen oder Visionen von dem verlorenen Gegenstand geben wird. Chamuel steht auch für inneren Frieden. Bitte ihn um Frieden in dir selbst, in Beziehungen oder in Situationen und in der Welt.

Erzengel Gabriel
Ihr Name bedeutet »Botschafterin Gottes«. Sie ist berühmt dafür, dass sie Maria und Elisabeth die Geburt von Jesus und Johannes dem Täufer verkündete. Gabriel hilft immer noch allen Schwangeren in allen Aspekten der Mutterschaft. Bitte Gabriel um Hilfe, wenn es um Adoption, Empfängnis, Schwangerschaft und Geburt geht. Als Botschafterin hilft sie auch Journalisten, Autoren, Rednern und Lehrern.

Erzengel Jophiel
Der Name dieses Erzengels bedeutet »Schönheit Gottes«. Sie kann jeden Bereich des Lebens verschönern, wie ein »Feng-Shui-Engel«. Das heißt, dass sie dich dazu bringen wird, deinen Bereich zu klären, indem du unnötige Dinge verschenkst, deinen Lebens- und Arbeitsbereich aufräumst und dich mit Gegenständen mit hoher Energie umgibst, wie Kristallen, Pflanzen und Blumen. Jophiel hilft bei allem, was mit Ästhetik zu tun hat, zum Beispiel bei deiner Garderobe, deiner Frisur oder deinem Make-up. Bitte sie auch um Hilfe, wenn deine Gedanken negativ werden, und sie wird deinen Geist sofort mit guten Gedanken verschönern.

Erzengel Metatron
Metatron ist der aufgestiegene Prophet Enoch, der in Atlantis mit Hermes zusammengearbeitet hat, einer der beiden Sterblichen, die zu Erzengeln wurden (der andere ist Sandalphon, der frühere Prophet Elijah). Metatron wird in der Kabbala als führender Engel erwähnt, dessen wesentliche Aufgabe heutzutage

darin besteht, den neuen medial begabten, sensitiven Kindern zu helfen. Zusammen mit Mutter Maria begleitet er diese Kinder auf ihrem Weg und hilft ihren Eltern und Lehrern. Wenn du den Indigokindern helfen möchtest, dann bitte Metatron um eine Aufgabe. Du kannst auch um seine Unterstützung bitten, wenn du mit dem Verhalten von Kindern Schwierigkeiten hast.

Erzengel Michael
Sein Name bedeutet »Der Gott gleichsieht«. Dieser große, gut aussehende Engel ist eines der mächtigsten Geistwesen, dessen Lichtschwert uns von allen angstvollen Anhaftungen befreien kann. Er ist ein feuriger Engel, der unsere Lebensaufgabe mit liebevollem, direktem Rat begleitet, damit wir ihr ohne zu zögern nachkommen. Er ist auch göttlich weise im Umgang mit elektronischen und mechanischen Geräten. Bitte ihn, deinen Mut zu stärken und dich, deine Lieben und deinen Besitz zu schützen.

Erzengel Raguel
Sein Name bedeutet »Freund Gottes«. Er ist wunderbar im Heilen von Beziehungen. Bitte ihn um Hilfe, wenn du mit jemandem ein Missverständnis klären willst. Er hilft allen, ihre Herzen zu erweichen, zu vergeben und zu vergessen.

Erzengel Raphael
Sein Name bedeutet »Gott heilt« oder »Der Heilende«. Dieser Erzengel ist der höchste Heiler des Engelreichs. Raphael kann auch verlorene Haustiere wiederfinden. Rufe ihn, wenn du in dir oder jemand anderem etwas heilen möchtest. Er kann natürlich niemandem ohne dessen Zustimmung Heilung aufzwingen, aber seine Gegenwart bringt immer Trost und Frieden. Du kannst Raphael auch bitten, deine berufliche Entwicklung als Heilerin zu begleiten, zum Beispiel bei der Wahl der richtigen Ausbildung oder eines guten Praxis-Standortes. Er kann dir auch wunderbare Klienten bringen.

Erzengel Raziel
Der Name dieses Erzengels bedeutet »Geheimnisse Gottes«. Er weiß um alle esoterischen Geheimnisse des Universums. Man glaubt, dass er Adam eine Art Gebrauchsanweisung für das Leben auf der Erde gab. Bitte Raziel um Hilfe, wenn es um esoterische Träume geht, um heilige Geometrie und andere alte Geheimnisse oder um Heilungen vergangener Leben. Raziel kann dir helfen, deine Ängste vor deiner Medialität loszulassen, die aus vergangenen Leben stammen, in denen du dafür ermordet wurdest.

Freyja
Freyja ist eine wunderschöne, ewig junge nordische Göttin der Liebe und Sexualität. Der Wochentag Freitag wurde zu Ehren dieser freudvollen Göttin benannt. Sie reist in einem von großen Katzen gezogenen Wagen zwischen Himmel und Erde den Regenbogenweg entlang. Laut den nordischen Mythen stellten ihr Götter und Riesen nach, und sie liebte erotische Gedichte. Sie praktizierte auch einen nordischen Zauber namens Seid, bei dem Frauen in einem Kreis sitzen, sich mit Göttergesängen in Trance versetzen und in die Zukunft blicken können. Du kannst Freyja um Hilfe bitten, wenn du dich entspannen möchtest, wenn es sich um romantische Dinge oder Sexualität handelt oder auch, wenn es um Zaubern und Hellsehen geht.

Hathor
Diese ägyptische Schöpfungsgöttin und Mutter des Sonnengottes Ra wird oft als Mutterkuh dargestellt. Ihre Milch ist das Symbol für die göttliche Energie, mit der sie Ra und alle Pharaonenkinder nährte. Bei der Geburt eines Kindes wird ihm durch Divination einer der sieben Aspekte Hathors zugeordnet. Das dabei verwendete »Werkzeug« wird »Die Sieben Hathoren« genannt. Die alten Ägypter betrachteten sie als die ursprüngliche Göttin der Liebe und Sexualität. Die ihr zu Ehren abgehaltenen

Zeremonien beinhalteten immer viel Musik und Tanz. Sie gilt auch als Unterwelt- und Himmelsgöttin. Hathor kann bei allen neuen Projekten und allen Aspekten der Mutterschaft helfen.

Hekate
Diese griechische Mondgöttin verleiht Schutz, Fülle und Erfolg. Als Mutter von Demeter und Großmutter von Persephone ist sie der matriarchale Aspekt der dreifachen Göttin, der abnehmende Mond. In ihren Symbolen taucht diese Dreiheit oft auf, zum Beispiel wird sie oft als eine alte Frau dargestellt, die an einer dreifachen Weggabelung steht und drei Hunde bei sich führt. Manchmal wird sie sogar mit drei Köpfen gezeigt. Sie ist eine weise, mächtige Zauberin, die du um Schutz und Manifestation bitten kannst.

Hina
Diese polynesische Schöpfungsgöttin ist so schön, dass ihr niemand direkt ins Gesicht schauen kann. Hina gab den Menschen Tapa, ein Gewebe zur Bekleidung und als Tauschobjekt. Hina ist die Gattin des Gottes Kane. Sie schützt Krieger und Reisende und hilft Künstlern und Handwerkern. Bitte sie um Schutz bei deinen Reisen, um Unterstützung, um dein inneres Licht heller erstrahlen zu lassen, und um Hilfe bei deiner künstlerischen Laufbahn.

Ishtar
Ishtar ist die babylonische dreifache Göttin, das heißt, sie repräsentiert das Frausein als Mädchen, als Mutter und als Matriarchin. Sie wird mit dem Planeten Venus und mit dem Mond in Verbindung gebracht. Die Legende berichtet von Ishtars Reise in die Unterwelt, durch die sie zu einer wertvollen Ratgeberin bei allen weiblichen Schattenaspekten wurde. Bitte sie um Hilfe, wenn es um Frauenthemen geht. Dazu gehören auch Sexualität, Mutterschaft und Schutz.

Isis

Diese ägyptische Göttin ist die Tochter von Nut und Geb, die Schwester und Gemahlin von Osiris und die Mutter von Horus. Isis erweckte Osiris von den Toten, nachdem sein Bruder Seth ihn umgebracht hatte. In ihrer freudvollen Wiedervereinigung zeugten sie Horus. Isis überredete den Sonnengott Ra dazu, ihr seinen heiligen Namen zu offenbaren, was ihr Zauberkraft verlieh. Isis war eine der ersten reisenden spirituellen Lehrer. Sie lehrte die ägyptischen Frauen das Weben, Körperpflege, Kräuterheilkunde und Weisheiten über Mutterschaft und Beziehungen. Sie wird mit Flügeln und einer Sonnenscheibe oder einem Thron auf dem Kopf dargestellt. Bitte sie um Unterstützung, wenn es um Mutterschaft, Frausein, Zauberei und Kräuterheilkunde geht.

Ixchel *(ausgesprochen: Ihschell)*

Ixchel ist eine Mond-, Wasser- und Muttergottheit der Maya. Sie wacht über Geburten und bringt Heilung. Zusammen mit ihrem Gatten, dem Sonnengott, hat sie alle Götter hervorgebracht. Sie bewegt sich mit dem Mond über den Himmel, um ihre Unabhängigkeit von ihrem Gatten zu zeigen. Als Wassergöttin hütet sie auch die Regenfälle und wird manchmal auch »Herrin des Regenbogens« genannt, denn ihr Licht bricht sich in den Prismen der Regentropfen. Sie wird dich besonders bei Heilungen und im Kindbett unterstützen.

Kali

Diese vielfach missverstandene Hindu-Göttin des Endes und des Anfangs führt ins Leben hinein und geleitet beim Tod hinaus. Sie ist eine Göttin der Zyklen und Erneuerungen. Sie ist sehr mächtig und hat eine sehr kraftvolle Art, dafür zu sorgen, dass ihre Ziele erreicht werden. Diese Kraft verängstigt manche Menschen, vor allem jene, die ein Ende nicht als Bestandteil des natürlichen Lebenszyklus sehen wollen oder die sich vor kraftvollen Frauen fürchten. In vielen Geschichten wird von Kalis Fähigkeit berichtet, durch Zerstörung zu schützen, aber sie ist liebevoll und gerecht, selbst wenn wir die Mysterien des Anfangs und Endes nicht verstehen. Wenn du dringend kraftvolle Hilfe brauchst, dann wende dich an Kali. Schreibe ihr jedoch nicht vor, wie sie das von dir erwünschte Ziel erreichen soll. Bitte sie einfach um Hilfe und geh aus dem Weg, während sie für dich mit göttlicher Kraft und Weisheit ans Werk geht.

Kuan Yin
Der Name dieser buddhistischen Göttin des Mitgefühls bedeutet »Sie erhört und erfüllt alle Gebete«. Kuan Yin ist ein Bodhisattva, das heißt, sie hat Buddhaschaft erlangt, sich jedoch entschieden, in der Nähe der Erde zu bleiben und den Menschen zu helfen, bis jeder erleuchtet ist. Bitte Kuan Yin um Hilfe, wenn du dir selbst oder anderen vergeben willst, wenn es um Frauen und Kinder geht oder wenn du deine Sensitivität oder Hellsichtigkeit entwickeln möchtest.

Lakshmi
Lakshmi ist eine wunderschöne hinduistische und buddhistische Göttin des Wohlstands, deren Name »Ziel« bedeutet. Als Gemahlin des Sonnengottes Vishnu arbeitet sie auch eng mit Ganesha zusammen, dem beliebten elefantenköpfigen »Überwinder aller Hindernisse«. Lakshmi gilt sowohl als Fruchtbarkeitsgöttin der Erde als auch als lotusgeborene Wassergöttin. Rufe sie, wenn du dir Wohlstand manifestieren willst, wenn du dir keine Sorgen über Geld mehr machen und wenn du freudvoll und glücklich leben willst.

Mawu
Als afrikanische Mond- und himmlische Schöpfungsgöttin erschuf Mawu die Erde mit all ihren Bewohnern. Das Verhalten der Menschen ärgerte sie jedoch so sehr, dass sie sich in den

Himmel zurückzog. Statt ihrer selbst schickte sie ihren Sohn Lisa, um sich um die täglichen Angelegenheiten der Erde zu kümmern. Doch sie hilft immer noch, wenn es um die Umwelt geht und wenn Menschen danach streben, in Harmonie mit der Natur zu leben. Rufe sie um Hilfe, wenn du eine Aufgabe zum Schutz der Natur übernehmen möchtest.

Morgaine Le Faye
Mor bedeutet »Meer«, und Le Faye bedeutet »von den Feen«. Diese keltische Göttin der See und der Feenwelt ist auch die Königin von Avalon, jener Insel, an deren Stelle heute die Stadt Glastonbury steht. Sie wird manchmal mit der keltischen Mond- und Unterweltsgöttin Morrigan verwechselt. Morgaine, die ihre Zauberkunst von Merlin erlernte und König Arthurs Halbschwester ist, kann dir helfen, dich mit den Elementalen des Wassers und mit der Welt von Avalon und Merlin zu verbinden.

Mutter Maria
Sie ist die neuzeitliche Muttergöttin, die »Königin der Engel«. Wie viele traditionelle Göttinnen gebar sie ihren Sohn Jesus als Jungfrau. Überall auf der Welt ist sie schon erschienen, und mit ihrer Erscheinung gingen oft Wunderheilungen und wichtige Botschaften einher. Maria hilft allen, die mit Kindern zu tun haben, also Eltern, Erziehern, Lehrern und Heilern. Bitte sie um Hilfe, wenn du ein Problem mit Kindern hast oder wenn du eine göttliche Aufgabe übernehmen möchtest, um Kindern zu helfen.

Nut
Nut ist die ägyptische Himmelsgöttin, die mit ihrem Bruder und Gatten, dem Erdgott Geb, die Götter Isis, Osiris und Seth zeugte. Sie wird manchmal als Kuh dargestellt und manchmal als eine die Erde überspannende Frau. Diese Haltung soll sie auch eingenommen haben, um ihren geliebten Bruder zu er-

reichen, als der Sonnengott Ra ihre inzestuöse Beziehung verboten hatte. Bitte Nut um Hilfe, wenn es um dein Liebesleben oder um Mutterschaft geht.

Pele
In manchen Legenden wird diese hawaiianische Feuer- und Vulkangöttin als die Urheberin der Sintflut dargestellt. Viele Geschichten berichten von ihren eifersüchtigen Streitereien mit ihrer Schwester, der Meeresgöttin. Manchmal ging es dabei um Peles Gatten, manchmal um ihre Inseln. Rufe Pele, wenn du deine Leidenschaft finden und leben willst, oder um die Flamme der Begeisterung in deinen Beziehungen und deinem Beruf anzufachen.

Persephone
Die griechische Tochter von Demeter und Enkelin von Hekate repräsentiert den Mädchen-Aspekt der Göttin. Wenn Persephone auf der Erde weilt, erzeugt sie die Blumen und lässt die Bäume ergrünen, aber wenn sie in der Unterwelt ist, liegt das Land brach. Bitte Persephone um Hilfe, wenn es um Gärtnerei, um Mädchentum oder um Neuanfänge geht.

Rhiannon
Rhiannon ist eine walisische Mondgöttin. Begleitet von drei Zaubervögeln, deren Lieder Tote erwecken können, trägt sie auf ihrer weißen Stute die Seelen von der Erde ins Jenseits. Sie wurde fälschlich beschuldigt, ihren Sohn ermordet zu haben. Bitte sie um Hilfe, wenn es um Übergänge und Tod geht oder wenn du fälschlicherweise angeschuldigt wirst. Sie hilft auch Pferden.

Sedna
Diese Meeresgöttin der Eskimos und Inuit schenkt Nahrung und alles, was zum Lebenserhalt nötig ist. Als Mädchen verlor

Sedna bei einem Bootsunfall ihre Fingerspitzen, die daraufhin zu Seehunden, Delfinen und anderen Meeressäugern wurden. Rufe Sedna um Hilfe, wenn es um die Ernährung oder den Lebensunterhalt für deine Familie geht. Und solange du respektvoll mit dem Meer und seinen Bewohnern umgehst, schützt sie dich auch beim Schwimmen, Bootfahren, Surfen und Tauchen.

Sekhmet
Der Name dieser ägyptischen Kriegsgöttin bedeutet »Die Mächtige«. Zum Zeichen ihrer Kraft wird sie oft mit Löwen oder mit einem Löwenkopf dargestellt. Sekhmet ist die Tochter des Sonnengottes Ra, und sie schützt mit ihrem Feueratem all jene, die ihren Schutz erflehen. Du kannst sie um Schutz, Mut oder innere Stärke bitten.

Sophia
Als gnostische und jüdische Göttin der Weisheit entspricht die alte Schöpfungsgöttin Sophia der babylonischen Göttin Ishtar und der phönizischen Göttin Astarte. In der Bibel wird sie als Jehovas Gefährtin dargestellt. Manche Traditionen sehen Sophia als die Schöpferin der Elohim (Gottheiten) und der Engel. Sophia verleiht Weisheit, klares Denken und praktische Vernunft. Sie hilft auch in den Künsten und im Handwerk.

Tara
Der Name dieser hinduistischen und buddhistischen Göttin bedeutet »Stern«. Die Abbildungen, in denen sie aus einer Lotusblume herauswächst, symbolisieren ihre Geburt aus den Sternen. Durch verschiedene Farben werden ihre unterschiedlichen Aspekte verdeutlicht: Als Grüne Tara ist sie die flinke Retterin in der Not, als Weiße Tara verhilft sie uns zu einem längeren, friedvolleren Leben. Rufe die Grüne Tara, wenn du Hindernisse überwinden willst, und die Weiße Tara, um Geist und Körper zu beruhigen.

Vesta
Vesta ist die römische Muttergöttin von Heim und Herd. Im alten Rom hüteten die vestalischen Jungfrauen eine Flamme ihr zu Ehren. Die Römer glaubten, dass Vesta in jedem häuslichen Herd lebt und von dort aus für Wärme und Behaglichkeit sorgt. Bitte Vesta um Hilfe, wenn es darum geht, deinen Beziehungen, deinem Heim, deinem Berufsleben oder ganz allgemein deinem Leben Wärme zu verleihen.

Xochiquetzal *(ausgesprochen: Zotschiketzal)*
Diese ewig junge Göttin der Azteken und Tolteken wird auch »Blumenfeder« genannt. Sie ist eine Fruchtbarkeitsgöttin der Erde und des Feuers, die Liebe und Leidenschaft verleiht. Sie gilt auch als schützende Muttergottheit und Hüterin der unverheirateten Frauen, jungen Mütter und Weberinnen. Rufe sie, wenn es um romantische Liebesbeziehungen und Mutterschaft geht.

Yemanya
Diese afrikanische und brasilianische Wasser- und Muttergöttin wird an jedem Neujahrstag mit weißen Blüten und Gebeten gefeiert, die dem Meer anvertraut werden. Yemanya gilt als die Schöpferin des Meeres und der Süßwasserquellen. Aus ihrem Körper entspringen die Flüsse, sie verleiht Wohlstand und sorgt für ausreichende Vorräte. Bitte sie, deine Gebete zu erfüllen, vor allem, wenn es um Frauenthemen geht und um die Erfüllung deiner Bedürfnisse.

Literaturhinweise

Ann, M. & Imel, D.M., *Goddesses in World Mythology.* New York: Oxford University Press, 1993.

Bardon, F., *Der Weg zum wahren Adepten.* Freiburg: Bauer Verlag, 2000.

Batmanghelidj, F., *Water for Health, for Healing, for Life.* New York: Warner Books, Inc., 2003.

--, *Wasser – die gesunde Lösung.* Freiburg: VAK, 1996.

Bernstein, H., *Ark of the Covenant, Holy Grail.* Marina del Rey, California: DeVorss & Company, 1998.

Black, J. & Green, A., *Gods, Demons and Symbols of Ancient Mesopotamia.* Austin: University of Texas Press, 2003.

Buchman, D.D., *Die natürliche Heilkraft des Wassers.* Frankfurt/M., 1986.

Calleman, C.J., *Der Maya Kalender und die Transformation des Bewusstseins.* EU-Umweltakademie, 2007.

Clark, P.J., *The Sorcerer's Handbook.* New York: Sterling Publishing Co., Inc., 2001.

Climo, S., *A Treasury of Mermaids.* New York: HarperCollins Publishers, 1997.

Coulter, C.R. & Turner, P., *Encyclopedia of Ancient Deities.* Jefferson, North Carolina: McFarland & Company, Inc., 1997.

Cowan, Tom, *Schamanismus. Einführung in die tägliche Praxis.* Rowohlt Taschenbuch Verlag, 2000.

Editors, Time-Life Books. *Dragons: The Enchanted World.* Chicago, IL: Time-Life Books, 1984.

Ellis, R., *Aquagensis.* New York: Penguin Books, 2001.

Emoto, M., *Die Botschaft des Wassers.* Burgrain: KOHA, 2002.

--, *Die Antwort des Wassers.* Burgrain: KOHA, 2002.

Epstein, P., *Oriental Mystics & Magicians.* New York: Doubleday & Company, Inc., 1975.

French, C., *Als die Göttin keltisch wurde.* Solothurn, 2001.

Gadon, E.W., *The Once & Future Goddess.* San Francisco: HarperSanFrancisco, 1989.

Hardy, A., *Darwin and the Spirit of Man.* London: Collins, 1984.

Hart, G., *A Dictionary of Egyptian Gods and Goddesses.* London: Routledge, 1986.

Hawley, J. S. & Wulff, D. M., *Devi: Goddesses of India.* Los Angeles: University of California Press, 1996.

Hoult, J., *Dragons: Their History & Symbolism.* Glastonbury: Somerset, 1990.

Howard, M., *Angels & Goddesses.* Chieveley, Berks (UK): Capall Bann Publishing, 1994.

Jennings, S., *Goddesses.* Carlsbad, California: Hay House, Inc., 2004.

Jones, K., *The Ancient British Goddess.* Glastonbury, Somerset (UK): Ariadne Publications, 2001.

Keenan, S., *Gods, Goddesses, and Monsters.* New York: Scholastic, Inc., 2000.

Kindred, G., *The Earth's Cycle of Celebration.* Derbyshire, UK: Glennie Kindred Publisher, 2002.

Knight, C. & Lomas, R., *Uriels Auftrag.* Scherz Verlag, 2001.

Lao, M., *Sirens: Symbols of Seduction.* Rochester, Vermont: Park Street Press, 1998.

Lindow, J., *Norse Mythology.* New York: Oxford University Press, 2001.

Lundy, M., *Schönheit der Geometrie.* Artemis & Winkler, 2010.

McCoy, E., *A Witch's Guide to Fairy Folk.* St. Paul, Minnesota: Llewellyn Publications, 1999.

––, *Celtic Myth & Magic.* St. Paul, Minnesota: Llewellyn Publications, 2002.

Meyerowitz, S., *Water: The Ultimate Cure.* Summertown, Tennessee: Book Publishing Company, 2001.

Miller, M. & Taube, K., *The Gods and Symbols of Ancient Mexico and the Maya.* London: Thames & Hudson Ltd.

Monaghan, P., *Lexikon der Göttinnen und Heldinen,* Frankfurt/M., 2005.

Montgomery, D., *Aquatic Man and African Eve.* Suffolk, England, 2005.

Morgan, E., *Kinder des Ozeans.* München 1988.

——, *Der Mythos vom schwachen Geschlecht.* München 1982.

——, *The Scars of Evolution.* Oxford: Oxford University Press, 1994.

Muten, B., *Märchen von weisen Frauen.* Stuttgart 2000.

Nigg, J., *Drachen und andere Sagengestalten.* Bassermann, 2007.

——, *Wonder Beasts.* Englewood, Colorado: Libraries Unlimited, Inc., 1995.

Passes, D., *Dragons: Truth, Myth, and Legend.* New York: Golden Books, 1993.

Patai, R., *The Hebrew Goddess.* Detroit, MI: Wayne State University Press, 1990.

Pennick, N. & Field, H., *The Goddess Year.* Chieveley, Berks (UK): Capall Bann Publishing, 1996.

Penwyche, G., *The World of Fairies.* New York: Sterling Publishing Co., Inc., 2001.

Pogacnik, M., *Elementarwesen.* München 2000.

Rivera, A., *The Mysteries of Chichén Itzá.* Universal Image Enterprise, Inc., 1995.

Rose, C., *Giants, Monsters & Dragons.* New York: W.W. Norton & Company, 2000.

——, *Spirits, Fairies, Leprechauns, and Goblins.* New York: W.W. Norton & Company, 1998.

Ryrie, C., *Heilende Energie des Wassers.* Stuttgart 1999.

Schauberger, V., *Das Wesen des Wassers.* AT Verlag, 2006.

Schiff, M., *The Memory of Water.* London: Thorsons, 1994.

Shipley, J.T., *Dictionary of Word Origins* (Second Edition). New York: The Philosophical Library, 1945.

Sjöö, M. & Mor, B., *Wiederkehr der Göttin.* Braunschweig 1986.

Spretnak, C., *Lost Goddesses of Early Greece*. Boston: Beacon Press, 1992.

Stewart, R.J., *Celtic Gods, Celtic Goddesses*. London: Cassell & Co., 1990.

Stone, M., *Als Gott eine Frau war*. München, 1989.

Telesco, P., *365 Goddesses*. San Francisco: HarperSanFrancisco, 1998.

Temple, R., *Das Sirius-Rätsel*. Frankfurt/M. 1985.

Tomasino, D., *New Technology Provides Scientific Evidence of Water's Capacity to Store and Amplify Weak Electromagnetic and Subtle Energy Fields*. Boulder Creek, California: Institute of HeartMath, 1997.

Trobe, K., *Invoke the Goddess*. St. Paul, Minnesota: Llewellyn Publications, 2000.

Turner, P. & Coulter, C.R., *Dictionary of Ancient Deities*. New York: Oxford University Press, 2000.

Virtue, D., *Erzengel und wie man sie ruft*. Allegria Berlin, 2006.

––, *Orakel der Göttinnen*. Burgrain: KOHA, 2006.

–– und Lukomski, J., *Kristall-Therapie. Wie Sie Ihr Leben mit der Energie der Kristalle heilen*. Allegria, 2007.

Wilkinson, R.H., *Die Welt der Götter im alten Ägypten*. Stuttgart 2003.

Wilson, C., *From Atlantis to the Sphinx*. New York: Fromm International Publishing Corp., 1999.

Zhang, S.N. & H.Y., *A Time of Golden Dragons*. Toronto: Tundra Books, 2000.

Über die Autorin

Doreen Virtue ist promovierte Psychologin und Metaphysikerin in der vierten Generation. Sie hat rund 50 Bücher sowie Orakelkarten verfasst. Ihre Werke wurden weltweit in viele Sprachen übersetzt, und sie ist in zahlreichen Fernseh- und Radiosendungen aufgetreten.
Auf den geistigen Ebenen arbeitet sie hellsichtig mit dem Reich der Engel, der Elementale, der Göttinnen und der Aufgestiegenen Meister zusammen.

www.AngelTherapy.com

Wer bisher glaubte, eine direkte Kommunikation mit Gott und mit himmlischen Helfern sei einigen wenigen Auserwählten vorbehalten, der wird von der Engel-Expertin und spirituellen Beraterin Doreen Virtue eines Besseren belehrt: Sie zeigt die grundlegenden Kanäle auf, über die himmlische Botschaften empfangen werden können – Fallbeispiele und praktische Übungen zur Förderung latent vorhandener Fähigkeiten inbegriffen. Die dargebotenen Tests helfen überdies, echte göttliche Führung von reinem Wunschdenken und störenden Einflüssen niederer Dimensionen unseres Ichs zu unterscheiden.

Doreen Virtue
Himmlische Führung
Kommunikation mit der geistigen Welt

ISBN 978-3-86728-218-5
Taschenbuch, 400 Seiten

Unentwegt sind wir von Engeln umgeben, und unentwegt suchen sie mit uns zu kommunizieren – vor allem als Antwort auf unsere Gebete. Sie trösten, sie richten auf, sie zeigen den Weg oder erinnern an das große Ganze. Doch zuweilen sind wir so sehr mit unserem irdischen Dasein beschäftigt, dass wir ihre Stimme nicht hören. Dann müssen die Engel schon erfinderisch sein, um auf sich aufmerksam zu machen. Auf welche Weise das geschieht? Dafür öffnen die von Doreen Virtue gesammelten, vielfältigen Anekdoten die Augen: poetisch, rührend, tröstlich, eindrucksvoll, spielerisch, verblüffend und so manches Mal mit Gänsehauteffekt.

Doreen Virtue und Charles Virtue
Zeichen der Engel
Himmlische Botschaften für den Alltag

ISBN 978-3-86728-261-1
Taschenbuch, 160 Seiten

Strahlendes, überirdisches Licht in durchscheinenden Farben, machtvolle und zugleich zarte Energien göttlicher Liebe, unendliche Güte und vollkommene Hilfsbereitschaft ... Wer die Erzengel in sein Leben ruft, fühlt sich wie von Flügeln warm umfangen und getragen.
Isabelle von Fallois, Pianistin, Medium und – von Doreen Virtue ausgebildeter – Angel Therapy Practitioner®, hat es am eigenen Leib erlebt. Mit Hilfe der Engel von einer lebensbedrohlichen Krankheit genesen, bringt sie uns das Wesen der himmlischen Helfer nahe: durch medial empfangene Botschaften, durch eigene wundervolle Erfahrungen sowie Erlebnisse von Freunden, durch bezaubernde und erquickende Meditationen, Affirmationen und praktische Anleitungen für ein Leben unter dem Schutz unserer liebevollen Begleiter.

Isabelle von Fallois
Die Erzengel
15 Begleiter auf dem Weg
in ein erfülltes Leben

ISBN 978-3-86728-081-5
Gebunden, 208 Seiten

Studien haben gezeigt, dass es 21 bis 28 Tage dauert, alte Muster zu durchbrechen und neue, positive zu programmieren. So entstehen neue neuronale Bahnen in Ihrem Gehirn und somit neue, positive Glaubensmuster, die Ihnen helfen, Ihre Träume zu verwirklichen.
Auf Ihrer persönlichen Reise durch den 28-tägigen Prozess lassen Sie mit Hilfe der Engel alte, toxische Gedanken und Verhaltensmuster hinter sich und verbinden sich immer mehr mit Ihrer wahren Essenz, sodass Ihr Kontakt zu den Engeln täglich wächst und Synchronizitäten und Wunder Teil Ihres Lebens sind.

Isabelle von Fallois
Die heilende Kraft deiner Engel
Den eigenen Weg gehen
und die Lebensträume verwirklichen

ISBN 978-3-86728-171-3
Gebunden, 352 Seiten